SALES & DELIVERY

顧客満足度を高め、競争力を強化する

図解でわかる
販売・物流管理
の進め方

石川和幸 Kazuyuki Ishikawa

日本実業出版社

はじめに

■日本企業には販売・物流管理のフレームワークが存在しない

　日本企業はかつてない苦境に陥っています。「世界の奇跡」と言われた高度経済成長も終わり、日本企業は長い不況に直面しています。「失われた20年」などと言われていますが、ここまでの停滞の期間、長きにわたって日本企業もそれなりの努力を払ってきました。

　しかし、残念ながら、日本企業の改革は遅々として進んでいないのが実態ではないでしょうか。「改革」と言っても、高度経済成長時代に有効だった手法にいまだに頼ろうとしていて、効果的な改革も改善もできていないように思います。状況が変わったのに、当時と同じ手法を繰り返しても、効果は限定的でしょう。あるいは、かえって事態を悪化させているかもしれません。

　過去の「作れば売れる時代」の改善手法や個別組織の効率化の積み上げではもう勝てません。大きな状況の変化に対する新たな対応策を、組織横断で考えなければならないときに至っているのです。

　しかし、日本企業は、組織横断的な問題解決が苦手です。個別組織の問題事象に個別対応するのは得意ですが、大きな方向性を描き、組織そのもののあり方を描き直し、他を圧倒する競争力を構築するといったことが苦手です。そうしたことを行なうためのフレームワークも方法論ももち合わせていません。

　身近にあるのは、過去のある時期に、ある企業でうまくいったという個別事象の個別手法と個別組織に閉じこもってがんばるだけの手法なのです。妄信的に誰かの真似をし、顧客そっちのけの努力は、競争力強化に役立ちません。個別最適の活動が、よい結果を生むはずはないのです。

　一歩、日本の外に目を移すと、先進国の企業はもちろん、新興国の企業も顧客獲得に向けた競争力強化を実現すべく、革新的なビジネスモデ

ルやビジネスプロセス、企業連携や組織機能配置を実現し、テクノロジー革新を活用して、改革を推し進めています。

　先進的だった日本企業は、今では時代遅れになってしまったのです。

■販売・物流管理のフレームワークと方法論で企業革新を
　多くの日本企業の問題点は、企業全体としてどんなビジネスにすべきかを描かず、小手先の改善で終わってしまうことです。
　それでも、「工場管理」や「品質管理」にはまだ改善のフレームワークがあり、方法論があったので、何とか今でも世界と戦うだけの力が残されています。

　しかし、販売や物流分野は旧態依然とした状況のままです。営業も物流も個別にはがんばっていますが、"競争力"は個別組織のがんばりではカバーできない領域にまできています。
　営業や物流といった個別組織に閉じこもって効率化を目指して改善しても、今となってはさほどの競争力にはなりません。
　そのような小改善よりも、「そもそもの販売のあり方や物流のあり方」を考え直し、販売・物流一体で、顧客へのサービスレベルを最大にし、同時にコストの低減と費用対効果の最大化が目指されているのです。
　日本企業が生き残るためには、「販売・物流管理のフレームワークと改革の方法論」を獲得し、顧客を視野に、組織横断で改革を推進しなければなりません。

　本書は、競争力を革新するための販売・物流管理のフレームワークをお伝えすることを目的にしています。
　序章では、「そもそも販売・物流管理とは何か」をお伝えします。概要をつかんで、本論に入っていくガイドとなるでしょう。
　第1章では、「販売・物流管理がなぜ必要なのか」を詳述します。販売・物流管理のことを知らなかった人にも、その必要性が理解できるでしょう。
　第2章からは、「販売・物流管理の構築の進め方」を描きます。ここ

から第5章までは、「フレームワークと方法論」を開示します。

　第2章では、「販売・物流管理の構築はビジネスモデルから始める」ことについて触れます。

　第3章では「ビジネスモデルを実現する顧客コンタクトポイント」の考え方を述べ、第4章では「計画業務」を、第5章では「実行業務」の重要性を述べます。

　第2章から第5章で、ひと通りの販売・物流管理のフレームワークと方法論が理解できるでしょう。

　第6章では「販売・物流管理を下支えするシステム」を明らかにし、第7章では「販売・物流管理改革を進める際のアプローチ法と勘所」を説明します。最後の第8章では、「販売・物流管理を構築して競争力を手に入れた先進企業」の例を示します。

　本書は、いまだ日本には存在していない販売・物流管理というフレームワークと方法論を構築すべくまとめたものです。本書が、多くの企業の改革に役立つことができれば幸いです。

2017年3月

石川和幸

顧客満足度を高め、競争力を強化する
図解でわかる　販売・物流管理の進め方
● 目次 ●

はじめに

序章　そもそも販売・物流管理とは何か

序章1 販売・物流管理とは何か ……… 10
序章2 販売・物流管理とはどのようなことを指すのか ……… 13

第1章　販売・物流管理はなぜ必要なのか

1-1 日本企業に販売・物流管理は存在していない ……… 18
1-2 販売・物流管理が必要とされる背景 ……… 25
1-3 販売・物流管理の目的、定義とスコープ ……… 31
1-4 販売・物流管理のフレームワーク ……… 37
1-5 販売・物流管理の担い手は誰か ……… 46
1-6 販売・物流管理の効果 ……… 49

　　　Column　デリバリーをドローンで行なう衝撃　52

第2章　販売・物流管理はビジネスモデルから始まる

2-1 販売・物流管理はビジネスモデルが起点 ……… 54
2-2 顧客との接点を起点としてプロセスをデザインする ……… 57

2-3 プロダクトデザインとサプライチェーンデザインを強化する … 60

2-4 部門横断で行なうコンカレントエンジニアリングの導入 … 65

2-5 デカップリングポイントの設定が
競争力とリスクをバランスさせる … 69

2-6 サービスレベルを定義し、
ロジスティクスを競争力に変える … 74

2-7 販売・物流管理の制約条件の解決方法 … 82

2-8 テクノロジーが開く販売・物流管理の新たな地平 … 89

2-9 ロジスティクスデザインとコストの積算 … 93

2-10 競争力を強化するアウトソーシングの選択 … 98

2-11 決済という"カネの流れ"も取り込む … 102

Column 自然発生的なロジスティクスネットワークを改革せよ 104

第3章 顧客コンタクトポイントを付加価値化する

3-1 B2B・B2Cが顧客コンタクトポイントの特性を分ける … 106

3-2 B2B①：企画提案から始まる商談プロセスと
パイプライン管理 … 110

3-3 B2B②：引合いから見積もり・価格提示プロセスの
高品質・高速化が競争力 … 115

3-4 B2B③：営業と生産の組織分断は避けなければならない … 119

3-5 B2B④：商談管理と同期したコンカレントエンジニアリングが
コスト競争力を生む … 123

3-6 B2B⑤：アフターサービスで顧客を囲い込む … 127

| 3-7 | B2B⑥：顧客コンタクトポイントを拡大し、顧客の業務プロセスまで取り込む ……… 131

| 3-8 | B2B2C：B2Bと同じ部分と異なる部分 ……… 134

| 3-9 | B2C：探索行動と購買行動を分析し、セールスに活用する ……… 138

  Column　IoTが生み出す新たな顧客接点とビジネス変革　142

第4章　組織横断の計画マネジメントこそが収益を生む

| 4-1 | 「必要なモノを必要なタイミングで必要な量だけ」届けるために必要な計画業務 ……… 144

| 4-2 | プライシングの基礎になる中長期計画を明確にする ……… 149

| 4-3 | 需要予測から販売計画を立案する ……… 155

| 4-4 | 商談管理と連動した販売計画の立案が今後重要になる ……… 160

| 4-5 | サプライチェーンマネジメントで、欠品と過剰在庫を避け、在庫を適正化する ……… 163

| 4-6 | S&OP/PSI計画の導入は必須 ……… 166

| 4-7 | 可視化する計画の範囲を拡大し、計画統制の範囲を定義する ……… 170

| 4-8 | 営業組織内部での機能役割定義と分担の必要性 ……… 172

  Column　オムニチャンネルで無在庫販売を狙う小売業　174

第5章　受注から届けるまでの競争力を強化する

| 5-1 | 納期回答の仕組みを構築する ……… 176

5-2	短納期配送が絶対に必要というわけではない	181
5-3	受注から出荷、請求までの業務プロセスを描き、標準化する	184
5-4	在庫の枠を設けるか、設けないかが大問題	187
5-5	ロット管理・シリアル管理とトレーサビリティは必須	189
5-6	アウトソーシングか、自社で行なうかは顧客ロイヤルティで決める	192
5-7	アフターサービスにおけるサービス提供を最適化する	194

第6章 販売・物流管理を支える情報システム

6-1	基幹システムにおける販売・物流管理	198
6-2	セールスマンの活動管理とパイプライン管理を行なうシステム	200
6-3	需要予測システムの種類	202
6-4	計画はSCPシステムで行なう	205
6-5	アフターサービスに関わるシステムと顧客取引システム	209
6-6	顧客との商談やプレゼン、売込みを支援する商談支援システム	211
6-7	物流に関わるシステム	212
6-8	IoTが革新する販売・物流管理の未来	214

Column 販売・物流管理とセールス＆デリバリー　220

第7章 販売・物流管理の改革の進め方

- 7-1 販売・物流管理改革はステップを踏んで進める 222
- 7-2 販売・物流管理競争の基盤を作る
  ビジネスモデルのデザイン 224
- 7-3 俊敏性とコスト競争力を作るサプライチェーンモデリング 227
- 7-4 計画性と実行統制を構築する業務プロセスデザイン 231
- 7-5 改革をあと戻りさせない業務改革とシステム導入 233
- 7-6 販売・物流管理の改革はリーダーシップがカギ 235

第8章 販売・物流管理を改革し続ける企業群

- 8-1 自然発生的なサプライチェーンと
  業務を劇的に変えた企業 238
- 8-2 デカップリングポイントを変えて復活した企業 241
- 8-3 パイプライン管理により
  利益を生み出せるようになった企業 244
- 8-4 S&OP/PSIで供給性を確保し、
  リスクコントロールを実現した企業 247
- 8-5 物流サービスを武器に市場を席巻した企業 250
- 8-6 物流アウトソーシングを拡大して顧客を囲い込んだ企業 253

カバーデザイン／冨澤崇（EBranch）
本文DTP／一企画
カバー・表紙画像／© MON - Fotolia.com

序章

そもそも販売・物流管理とは何か

序章 1

販売・物流管理とは何か

販売管理と物流管理の分離による弊害、統合による劇的効果

■■ 売ることと届けることは表裏一体

　売ることと届けることは表裏一体です。変化と競争が激しくなってきた昨今において、売ることだけを考えていればよいわけではなく、また、届けることだけを考えていればよいわけではありません。
　売ることばかりに一所懸命で、買ったはいいが欲しいタイミングで品物が届かなければ、その企業は失格です。また、届けることを自社の効率優先ばかりで考えると、場合によっては顧客に不便を押しつけることになり、買ってもらえなくなります。

　高度経済成長期を経て、ビジネスは複雑になり、要求されることは高度化しました。その結果、日本企業内の各組織は細かく機能分化し、専門特化しました。
　販売は営業部門が担い、物流は物流部門が担うことになったのです。「販売管理」と言えば営業マンの活動管理やマーケティングなどの「売ることだけ」に特化し、一方、「物流管理」と言えばトラック積載の効率化や倉庫のコストダウン、在庫低減といった輸配送・倉庫管理に特化し、それぞれ視野が限定されてしまいました。
　大量生産・大量輸送・大量販売の時代は、機能分化した専門組織が個別に努力すれば大丈夫でした。単純な同じことの繰り返しをしていればよかった時代だったからです。しかし、競争が激しくなった現代においては、販売と物流を分離して管理し、細分化した同じような作業を繰り返すだけでは、変化に対応できず、競争に負けてしまいます。

　状況が一変し、「売ることと」と「届けること」を一体で行なわなければならない時代になったのです。しかし、大量生産・大量輸送・大量

販売時代の高度経済成長を経験してしまった日本企業には、「**販売・物流管理**」というフレームワーク（枠組み）がありません。相変わらず、「営業は営業でがんばり、物流は物流でがんばる」など、顧客の要望に一体で立ち向かう姿勢は希薄です。改革が要請される今、この弊害は大きなものです。

一方、販売・物流管理の枠組みをもっている競合企業は、圧倒的な競争力を構築しています。販売・物流一体でビジネスを再構築し、業務を遂行・管理することによって、顧客の評価を獲得して売上を伸ばしています。販売・物流管理の枠組みをもっていない企業を圧倒し始めているのです。

■■ A社とB社の製品、どちらを買うか

簡単な例を挙げてみましょう。あなたが掃除機を買いに量販店に行ったとします。候補はA社とB社の製品に絞って行きましたが、いざ店頭に着くと、欲しかった製品はありませんでした。そこで、店員に問い合わせました。

店員の答えはこうです。「あなたの欲しいA社の製品は欠品中です。A社に問い合わせてみましたが在庫があるのかわかりませんし、納期もすぐにはわかりません。A社は、注文しても数日から1週間かかるのが通常です。B社の製品はB社の倉庫に在庫があり、即納が可能で、明日には入荷されます。店頭受け取りも可能ですし、入荷後配送も可能です。どちらにしましょうか？」

あなたはどちらの製品を買いますか。答えはB社でしょう。B社は在庫の有無も納期も明確で、翌日には入手できます。一方、A社は在庫も納期もわからず、頼んでも数日かかります。

在庫の有無もわからず、頼んでも日数がかかるA社と、在庫の有無を可視化し、どれくらいで届くかということを明確に定義しているB社とでは、差は歴然です。

顧客が購入する際、「買うこと（＝売ること）」と「手に入れること（＝届けること）」は表裏一体です。したがって、企業側は「売ること」と

「届けること」を一体で業務構築しなければならないのです。

■■ 日本には販売・物流管理という枠組みがない

　残念ながら、多くの企業では「売ること」と「届けること」が個別に業務構築され、管理されています。

　一方で、近年、販売・物流改革のプロジェクトが急増しています。先進国市場は成熟化し、モノが売れません。新興国市場は成長著しいですが、IT等の進歩で一気に先進国並みのサービス競争が始まっています。「売ること」と「届けること」を一体で考え、業務構築しなければならないのです。

　上記の通り、日本には販売・物流管理という一体で「売ること」と「届けること」を設計し、管理する枠組みがありません。にもかかわらず、今日本中で、そして日本企業のグローバル展開において、販売・物流改革プロジェクトは盛んに行なわれています。

　しかし、そこで行なわれていることは、「個別機能の強化」という古い手法です。販売管理領域においては、受注の効率化とか、請求書作成の迅速化、処理の正確さといった作業レベルの議論です。物流領域に至っては現状踏襲で、単なる作業の迅速化とシステム化が関の山といった感じです。

　せいぜい行なわれていることといえば、営業マンの日報管理や活動管理、物流の個別改善程度なのです。多くの企業では、販売・物流のあり方を先取りして、競合他社に対する競争優位を手に入れようといった姿勢が希薄です。

　先進的な企業は、販売・物流管理を一体で推し進め、競争力を強化しています。古くさい個別組織の個別の効率化追求といった考えを捨て、競争力を生み続ける販売・物流管理を構築しなければならないのです。

　過去も、現在も、そしてこれからも販売・物流改革のプロジェクトは盛んに行なわれていきます。改革の果実を確実に摘み取るには、販売・物流管理の枠組みを知っていなければなりません。それでは、次の項で販売・物流管理の枠組みの概要を明らかにしましょう。

序章 2 販売・物流管理とはどのようなことを指すのか

「サプライチェーンデザイン」と「業務プロセス設計」

■■ 販売・物流管理の枠組みとは

販売・物流管理とは、「顧客へのサービスを最大化しながら、もっとも効率的、高品質、かつ、低リスクの販売・物流業務を統合して設計・構築し、販売業務と物流業務を切れ目なく行ない、評価し、継続改善すること」です。

販売・物流管理を構築する枠組みは、①「サプライチェーンデザイン」と、②販売・物流を連動させた「業務プロセス設計」です。

サプライチェーンデザインとは、**顧客への届け方を設計し、構築する**ことです。顧客にどのように品物を届けるのか、そのためにどこに在庫し、どのように仕入れ、あるいは作るのかを設計します。

業務プロセス設計は、「**計画業務**」「**実行業務**」「**評価業務**」を構築することです。業務プロセス設計は、まさにP（Plan）、D（Do）、C（Check）、A（Action）のPDCAサイクルを描くことになります。

■■ 販売・物流管理の枠組み①　サプライチェーンデザイン

サプライチェーンデザインは、「売ること」と「届けること」の一体デザインです。検討対象となる要素は、販売チャネル、倉庫拠点、製造拠点、製造方式、仕入先、仕入方式、物流ネットワーク、輸送モードの各設計です。

①販売チャネル

販売チャネルとは、**販売するルート**のことを言います。「顧客に直販するのか」「商社や代理店を通すのか」「ネット販売するのか」といった売り方です。販売チャネルは、企業の販売戦略に基づいて決まっているかもしれませんし、競争力強化のために販売チャネル自体を見直す機会

があるかもしれません。

②倉庫拠点

倉庫拠点は、**販売・物流に寄与する倉庫の持ち方を検討する**ものです。各倉庫それぞれに適した機能をもたせて、どこに配置するのかを検討します。倉庫の配置は、顧客へのサービスレベルとコストを決めてしまう重要な設計になります。

③製造拠点

製造拠点の選択も、重要な意思決定です。製造する場合は、**製造拠点をどこにするか**ということです。自社製造か、委託製造かという選択もあります。

④製造方式

製造拠点と一体で考えなければならないのが製造方式です。製造方式は、「見込生産」や「受注生産」といった**製造方法の違いの定義**です。

見込生産の場合は、見込みで製品在庫が生産されているので、顧客からの受注後に製品が出荷できます。受注生産の場合は、顧客からの注文のあとに生産を開始します。

通常、見込生産で製品在庫があれば短期間で納入でき、受注生産の場合は製造の時間（生産リードタイム）がかかるので、「届け方」に差が生じるのです。この差を是とするか、非とするかで生産方式が変われば、「届け方」も変わるわけです。

⑤仕入先

仕入先というのは、**仕入商品の販売をする際の選択**になります。複数の仕入先から仕入れるのか、または、近い仕入先からの仕入れか、遠い仕入先からの仕入れかによっても仕入れ方が変わり、在庫を大量に持たなければならなくなる可能性があります。仕入れ方が変わると、仕入方式に差が出ます。

⑥仕入方式

仕入方式は聞きなれないかもしれませんが、**仕入れ方の方法**です。在庫を保持する「**在庫仕入型**」か、仕入先にタイムリーに必要なだけ在庫を持ってもらう「**ジャストインタイム（JIT）型**」か、仕入先在庫を使って、使った分だけ仕入れたことにする「**富山の薬売り方式**」＝「**ベンダーマネジメントインベントリー（VMI）型**」かなど、いろいろな種類があります。

⑦物流ネットワーク

販売チャネル、倉庫拠点、製造拠点、仕入拠点が決まれば、**それぞれの間を結ぶ物流ネットワークを描く必要があります**。倉庫が複数ある場合でも、工場からの輸送しか認めないのか、倉庫間での輸送があるのかなどを決めます。

⑧輸送モード

物流ネットワークが決まれば、輸送モードを決めます。空輸か、海運か、鉄道輸送か、トラック輸送かといった**輸送の形態**です。輸送モードを決めて、さらにその中身を細分化します。たとえば、4トントラックか、2トントラックかといったトラック容量や、通常コンテナか、ハイキューブかといったコンテナの選択などがあります。

　サプライチェーンデザインは、「**物流インフラのデザイン**」と言うこともできます。ただし、顧客にモノが届くまでの「届け方」を設計する際に、生産や調達まで視野に入れなければ競争力強化にならないため、単なる物流設計ではなく、サプライチェーンデザインとして定義しています。

　実際、販売・物流改革プロジェクトでは、サプライチェーン全体を視野に入れて改革を行なうことが少なくありません。

■ 販売・物流管理の枠組み②　業務プロセス設計

　サプライチェーンデザインにより物流のインフラができたら、そのイ

ンフラ上のモノの動かし方のコントロール方法を設計します。それが、「業務プロセス設計」です。

サプライチェーンのデザインを見直さない場合でも、販売・物流管理の業務プロセスを見直すことがあります。

業務を見直す際の注意点は、個別組織に閉じこもって業務設計をせず、**必ず組織横断的に業務を見直すこと**です。競争力を手に入れるためには、個別組織の業務改善では解決できない問題がたくさん浮上してきますし、業務上の問題の多くは、個別組織が原因というよりも組織間の連携に多くの原因があるからです。

業務設計をするにあたっては、**計画業務と実行業務、評価業務を定義**します。

「計画業務」とは、**予算策定や月次販売計画から、仕入・生産計画への連携といった業務**です。計画業務は意外と見落とされがちですが、非常に重要な業務になります。商談などの販売に直結する業務は位置づけが難しいですが、本書では計画業務の中で議論します。計画業務は、プランニングです。

馴染みがある業務は、「実行業務」でしょう。**受注して出荷指示をし、出荷するといった実行をともなう業務**です。実行業務は、品質(Quality)とコスト(Cost)とスピード(Delivery)といったQCDを視野に、オペレーションの素晴らしさ(オペレーションエクセレンス)を求めて設計します。

「評価業務」は、**経営目標や財務目標の達成度、計画の精度や計画達成度、QCDの目標値達成度などの評価を行ない、戦略見直し・再計画・業務改善を行なうための管理指標を設計します。**

それでは第1章より、販売管理と物流管理を統合し、劇的な競争力を手に入れる方法をお伝えしていきましょう。

第1章

販売・物流管理は
なぜ必要なのか

1-1 日本企業に販売・物流管理は存在していない

部門横断での対応が顧客をつかむ

■「売る」ことと「届ける」ことがバラバラの日本企業

　モノを買うということは、あるモノが手元に届く、手に入るということです。手に取ることができる製品という有形のモノでも、修理やマッサージなどのサービスという無形のモノでも同じです。

　逆に、モノが届かなければ買ったことになりません。食品であれば、手元になくて食べられなければ買った意味がないし、マッサージも受けられないなら買ったことになりません。買い手にとっては、「買う」こととモノが「届く」＝「手に入る」ことは表裏一体なのです。

　また、すぐに欲しいと思っても、なかなか欲しいものが手に入らないと、顧客はどこかに行ってしまいます。顧客は、欲しいタイミングで手に入るところで買うでしょう。今すぐ手に入らなかったとしても、最低限、いつ手に入るかが明確なところから買うでしょう。

　たとえば、夏にエアコンがこわれて、家電量販店に急いで買いに行ったとします。いろいろ見ていると、似たような機能・デザインで、同じような価格の商品がありました。X社の製品XとY社の製品Yとします。

　店員に尋ねると、どちらも欠品だと言います。しかし、「X社の製品Xは即納で明日には届きますから、明後日には取り付けられます。Y社の製品Yは、在庫があるのかどうかわかりませんし、納期もわかりません。Y社の場合は聞いても納期がはっきりしないのです」とのことです。

　さあ、あなたはどちらから買いますか。暑くて耐えられないあなたは、すぐ手に入ると言っているXを買うでしょう。私ならXです。

　このことは、個人の買い物に限らず、企業間の取引でも同じです。発注して、納期が不明確なのは極端に嫌われますし、納期遅れや欠品などは言語道断です。買い手にとっては、買うことと手に入ることは同じく

らい重要なのです。

　買い手と売り手の立場を反対にしてみると、「売る」ことと「届ける」ことは表裏一体となります。顧客は、「欲しいモノが、欲しいタイミングで、欲しい数量だけ、確実に届くこと」を重視しますから、売り手には、「欲しいモノを、欲しいタイミングで、欲しい数量だけ、確実に**届けること**」が必要になります。

　しかし、多くの企業ではどうなっているでしょうか。実は、「売る」ことと「届ける」ことは別々に運営されています。営業部門と物流部門に組織が分かれていて、個々別々に業務が作られています。また、生産部門も別に業務が作られています。バラバラです。

■■ なぜ、納期の回答に時間がかかるのか

　よくある例としては、「納期を聞いてもまともに答えが返ってこない」ということがあります。バラバラに業務が作られているからです。では、どのようなことが起きるのか見てみましょう。

　企業同士で取引があるビジネスで、顧客側の企業が納期を問い合わせたとしましょう。

　営業はまず、自社の倉庫に在庫があるかどうかを確認します。ところが、「そもそもモノがあるのかどうかわからない」といった状態の企業がけっこうあり、在庫が確認できないことがあります。また、在庫があっても、別の営業マンが押さえてしまって出荷できるのかどうかわからないため、すぐに納期回答ができない事態も発生します。

　システム上に在庫があっても、「出荷可能かどうかわからない」というのはざらです。そのうえ、システム上の在庫が正確ではなく、信用できないことさえあります。そこで、倉庫にわざわざ問い合わせ、回答を長々と待つという事態に陥ります。今度は、倉庫もその在庫を出荷していいか、誰かが押さえていないかを調べ始めるといったありさまです。

　物流部門では、出荷可能とわかっても今度はトラックが押さえられないために、納期が回答できないこともあります。在庫があっても、トラックがこなければ出荷できません。

　倉庫に在庫がない場合、いつ完成するかを営業が生産部門に完成納期

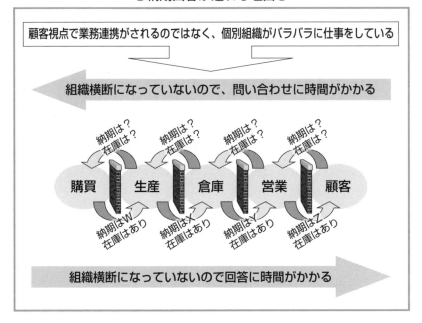

を問い合わせますが、このとき、生産部門が納期を回答できないことがあります。計画については製造現場任せでわからなかったり、生産がどこまで進んでいるのか、誰も把握していないことがあるからです。

　生産の進捗がわかっても、今度は完成予定の製品がどの注文に割り当てられているのかわからず、緊急の注文に対応してよいのかの判断ができません。仮に「出荷できる」と答えてしまうと、別なところで欠品する恐れがあり、大丈夫かどうか、それでいいのかどうかを工場もあちこちの営業に聞いて回ります。

　営業も、倉庫も、物流も、工場も、問い合わせと調整に走り回りますが、全体像がどうなっているのか誰もわからず、納期回答していいのかがわかるまでに、ぼう大な時間がかかるのです。こうなると、待てど暮らせど、納期が回答されないことになります。

　これは、ごくまれな例でしょうか。実は、そうではありません。納期回答がまともにできないのは日常茶飯事なのです。

　納期回答だけではありません。「いつも在庫がない」「受注したあとか

ら届けるまでの時間設定が顧客の要求に合わない」「いつ届くのかわからない」「届いた製品に問題があったことが組織間でうまくフィードバックされない」といったことが日常的に起きていますが、仕事の流れも分断されているので、組織がバラバラで情報がうまく伝わらず、スムーズに流れないのです。

　日本企業の多くは個別組織がバラバラに業務を行なっていて、**今まで顧客視点で業務の連携をデザインしてきていない**のです。このように、多くの企業では「売る」ことと「届ける」ことはバラバラにデザインされ、バラバラに業務が運営され、競争力を失っているのです。

■■ 生産管理、品質管理はあるが販売・物流管理はない

　日本企業は類まれな生産性を誇る、効率的な業務が実現されていると思われています。しかし、上記の例で明らかなように、決して効率的ではないのです。

　効率的に業務が作られているのは、ごく一部の組織の中でだけです。その組織の1つが「**生産部門**」です。生産部門とは主に工場と考えていいと思いますが、日本の製造業の工場は世界トップレベルの高い効率で運営されています。あくまで製造現場だけです。

　日本の製造現場の効率を支えているのは、長年蓄積されたノウハウと、そのノウハウを常に生かして改善を積み重ねているからです。日本の工場は、戦前からアメリカの「テイラーシステム」を基礎に置いたIE（Industrial Engineering）手法という作業改善技法を取り入れて効率化してきました。戦後、取り入れられたQC（Quality Control）という品質管理手法により、さらに日本企業は強くなりました。工場運営を行なう生産管理手法や品質管理手法が長く根づいていて、絶え間ない努力により、世界最高峰の生産性を手に入れたのです。

　一方、「売る」ことと「届ける」ことに関しては、こうした生産管理や品質管理と呼べるような管理手法がないままにきてしまいました。一部、倉庫業務のようなIEが活用できる部分は効率化されましたが、「売る」ことと「届ける」ことに関する管理手法や運営手法は、今でもきちんと

定義されたり、活用されていないのです。

■■ セールスマンの管理に顧客の視点が入っていない

　日本では「売る」ことと「届ける」ことは別々に議論され、「売る」ことは、主に営業マンの**「営業活動管理」**として語られることが普通です。

　営業活動管理はセールスマンの「セールス活動管理」のことで、主な論点は営業マンの「セールススケジュール管理」と「日報管理」です。セールスマンが効率的に売上を上げてくることに主眼を置き、営業マンの活動を監視し、営業活動の効率性を把握し、上長が指導することに重点が置かれています。

　具体的には、「今日、営業マンがどの顧客や見込客に出向き、誰に会って、どのような商談をしたのか」ということが管理されます。「1日何件回ったか、課長や部長などどのクラスの人に会ったか、1日どれくらいの時間を面談に使ったか」といったことが記録され、管理されます。面談内容も記述され、商談上、どのようなことが話されたのかが共有できるようになっています。

　このような管理は、自社の営業マンのセールス活動の効率化と管理には役立つでしょうが、顧客から見た企業の評価とは無関係です。

　生産管理や品質管理の目的は、顧客へ提供される製品のQCD（Quality:品質、Cost:コスト、Delivery: 納期［遵守］）を最大化することであり、あくまで顧客視点で導入・改善されてきました。しかし、営業活動管理はそうではなく、あくまで営業マンの効率管理・ノルマ管理であって、顧客の視点は入っていません。

■■ 日本の営業管理は「管理のための管理」になっている

　日本で管理されてきた「売る」ことと「届ける」ことには、顧客の視点はありません。自社の効率管理のためだけの「管理のための管理」になっています。顧客にモノを売って届けるために全体の関連をきちんと管理するのではなく、個別組織の効率化だけが目指されます。「販売・物流管理」といった組織横断で、顧客満足を向上させるために一体で業

務を作り上げる視点はないのです。

■■ 日本企業は取り残されつつある

　日本では、営業部門と物流部門、生産部門が個々の部門目標に向かって活動しています。顧客の視点はなく、部門単独の目標があるだけで、顧客から見た販売・物流・生産を統合した目標値は存在せず、業務の連携も希薄です。部門個別の最適化が追求され、他部門への迷惑や部門にまたがって発生する問題への対応ができなくなっています。

　営業は売りっぱなしで、「製品が届くかどうかは関知しない、聞いてもわからない」では話になりません。売上達成に意識がいきすぎて、あとで「在庫がない、モノが届かない」ではお話になりません。また、営業が一所懸命に売っているのに、物流も生産も、自分の効率だけで知らんぷりでは営業も立つ瀬がなく、顧客も離れます。

　「買う」ことと「届く」ことがバラバラに見えると、顧客に対するサービスの視点をもたない企業として敬遠されていきます。顧客視点とか顧客満足度の向上などと言われますが、結局、日本企業の多くが「顧客満足とは何か」を定義せず、部門横断での対応を怠り、小手先の対応でとどまっているのです。そのため、「売る」ことと「届ける」ことがバラバラになっており、結果的に顧客離れが起きます。

　販売・物流管理という視点が乏しい企業が大勢になっている日本市場に対し、「売る」ことと「届ける」ことを一体で考えている海外企業が参入することで、市場が大きく揺さぶられる例も登場しています。書籍のネット販売から始まって、今ではたくさんの商品を扱っているアマゾンなどがその典型でしょう。

　アマゾンは、「売る」ことと「届ける」ことを一体で考え抜いて業務を作り上げています。アマゾンの仕組みには、一般の書店、競合のネット書店も対抗できずにいます。今は書籍を超えた、小売りとして巨大化してきています。日本企業は取り残されつつあるのです。

■■ 海外パッケージシステムにはある販売・物流管理

　海外のパッケージシステムには、たいてい販売・物流管理を表わす

「Sales & Delivery」という機能がついています。パッケージ化されているということは、販売・物流管理という管理手法がコンセプト化され、標準化されて入っているということです。

　一方、日本のパッケージシステムに販売・物流管理が標準で組み込まれたのは最近のことです。それまでは、販売管理、物流管理として別々の仕組みに分離されていて、個々別々に導入されてきたのです。

　パッケージに標準化された機能がないということは、そもそも販売・物流管理を統合して構築するという考え方が存在していないということです。個別部門最適で、個々別々な業務を構築していた時代はそれでよかったかもしれませんが、日本企業は大きく遅れを取ってしまう事態になったのです。

　それでは、販売・物流管理を一体で考え、構築しなければならない事態を生み出した世の中の変化として、どのようなことが起きたのか、確認してみましょう。

1-2 販売・物流管理が必要とされる背景

「作れば売れる時代」の終焉と顧客による選別強化に対応すべし

■「作れば売れる時代」の仕組みは限界にきている

　つい最近まで、日本は高度経済成長を謳歌していました。バブルが崩壊するまでの日本市場は、「作れば売れる時代」が長く続いていたのです。右肩上がりで市場が拡大した高度経済成長の時代は、業務は単純でした。

　大量生産・大量輸送・大量販売の世の中です。同じモノを大量に作り、大量に運び、大量に売ることを繰り返してきました。同じようなモノを大量に処理するために、各業務機能は繰り返しの中で、個別に効率化しても全体が効率化できた時代です。

　営業は、受注してすぐに出荷指示をかけます。在庫が大量に用意されるので、受注と出荷指示が効率化されました。物流では倉庫作業と輸送が効率化され、工場はとにかく大量に作り続けることが優先されました。各部門の作業を部門ごとに効率化した結果の足し算が、全体の効率化につながった時代だったのです。

　ところが、市場が成熟化し、モノ余りの状況になりました。高度経済成長期のような大量消費の時代ではありません。多様なモノが選択されるようになり、買うモノが分散し、少量しか売れなくなりました。**多品種少量生産・多品種少量生産輸送・多品種少量生産販売**が要求されるようになりました。

　こうなると、大量生産・大量輸送・大量販売の仕組みではうまく動かなくなります。作ってもすぐに売れなくなるので、**きめ細かな営業と生産の情報連携が必要**です。売れなくなったら素早く生産を止めないと、在庫が余って処理に困るからです。

　在庫が余るリスクが高くなったので、きめ細かく在庫を管理し、最後

に余らないよう生産を調整し、売り切ることが必要になりました。在庫を正確・確実に把握し、「どこにどれくらいの在庫があるのか」を監視しながら販売努力をしなければなりません。

　一方、顧客の急な要求には迅速に対応して出荷しなければ売り逃しになるため、少量でも迅速な輸送も要求されました。しかし、こうした仕組みはうまく動いていません。日本企業の多くは、大量生産・大量輸送・大量販売の仕組みのまま業務を行なっているからです。

　驚かれるかもしれませんが、いまだに、「どこにどれくらいの在庫があるのか」明確になっていない企業がたくさんあります。前述の通り、納期回答さえできない企業も多いのです。緊急輸送を依頼しても数日かかる企業や、いつ届くのか答えられない企業もたくさんあります。

　今までは同じモノを大量に処理するので、営業・物流・生産の各部門が個別に業務を効率化し、自部門の作業を簡略化するシステムを個別に入れ、業務を遂行していれば事足りたのです。しかし、今は在庫を少なく持って、部門を横断して業務をスピーディーに行ない、迅速に対応しなければなりませんが、そうした仕組みができていません。

　仕組みが整っていない分を人間が細かい作業でカバーしてきましたが、もう限界です。仕組みがないところを人間がカバーするのですから、従業員も疲弊してきています。毎回、人が対応して時間がかかりますし、対応結果がいつも不正確で、いつまで経っても対応が迅速にならず、顧客もしびれを切らします。「作れば売れる時代」の業務と仕組みではもう限界なのです。

■■ 成熟化した社会では、顧客の選別が厳しくなっている

　社内の努力とは別に、顧客は旧態依然とした仕組みを変えない企業に嫌気が差してきています。「在庫がない、在庫があるのかないのかわからない、納期がわからない、届くのが遅い」という状況が重なれば、もう顧客は離れてしまいます。

　企業は、在庫を最小にして業務を運用したいのです。高度経済成長期には在庫があっても売れますから、在庫が多少多くても気にしません。

大量に在庫があるから、少々納期が遅れても気にしませんでした。また、多少在庫を多めに持っておいても売れるので、納期回答が曖昧でもいいのです。

しかし、在庫にはリスクがあります。今は高度経済成長期ではないので、下手に在庫を持つと大変なことになります。在庫は極小化したいのです。企業は売れない在庫を抱えてしまい、資金繰りに窮することは避けたいからです。

在庫を少なくすると、今度は欠品のリスクが高まります。欠品を避けるには、タイムリーにモノが仕入れられなければなりません。顧客はただ単純に、仕入先にはタイムリーにモノを届けることを求めるだけではありません。仕入先の在庫の有無がわかり、納期がわかることが大切になるのです。

成熟化した社会では、在庫を極小化しながら、欠品せずに業務を運営する必要に迫られます。こうした運営ができない企業は、淘汰されていきます。

■■ 新興国では、早期に顧客の選別が起きている

先進国市場が成熟化した一方で、成長著しい新興国ならば、いまだに「作れば売れる時代」ではないかと思うかもしれませんが、そうではありません。新興国は、先進国の優れた業務を学び、一足飛びに効率化を目指しています。

新興国とはいえ、企業間では少ない在庫で短納期での納入が最初から指向され、低在庫での業務運用は当然です。そのうえ、組織横断どころか、最初から企業間連携の重要性が検討され、低在庫・短納期での業務運用ができるように要求されます。企業間取引では、企業間連携が当たり前のように目指されます。

新興国の消費者は、いち早くネット社会に適応し、情報を入手して製品を選別します。売れるモノは爆発的に売れる一方、売れないモノはがんばっても売れません。新興国とはいえ、在庫がなければ欠品・売り逃し、在庫がダブつくと滞留・廃棄のリスクが大きくなっています。

新興国はいまだ高度経済成長期ですが、かつての日本と同じような状

況かと思えば、だいぶ様相を異にしています。情報化社会が一足飛びに訪れ、情報システムの活用により企業間連携が当然のように指向され、消費者も自分に必要なモノを自分で確かめることが当たり前になっています。「作れば売れる時代」は一瞬ですぎてしまい、新興国といえども、企業を選別する時代が早々に始まっているのです。

■■ 差別化が難しくなった時代に差別化を果たす

　技術革新により、「製品の機能による差別化」は難しくなりつつあります。**その結果、競争の源泉が製品機能だけではなくなっているのです。**
　みなさんの周りにある製品は、たくさんの企業がしのぎを削って生み出し、生産したものです。しかし、作った企業が違うからといって、製品の機能や品質に大きな差はなくなってきているのではないでしょうか。
　製品の差別化が困難になってくる中で、競合に差をつけるために、**製品以外の分野での差別化**が図られてきています。その1つの領域が、「販売・物流管理領域」です。

　販売・物流管理領域で差別化するために、さまざまな方法が展開されてきています。いくつか例を挙げてみましょう。過去の購入履歴の開示、購入傾向に基づく商品紹介、契約状況の把握の簡素化、購入の簡素化・購入業務のサポート、顧客に届ける時間（リードタイム）の短縮、輸送費の低減・無料化、購入した製品の受け入れ簡素化、購入者の在庫管理の代行などです。製品そのものではなく、別の分野での差別化をうまく組み立てると、顧客に好感され、購入が促進されるのです。
　販売・物流管理領域で差別化するためには、顧客の要求や困っていることによく耳を傾けなければなりません。
　「作れば売れる時代」は、よいモノさえ作っていれば売れましたが、今はよいモノであることは当たり前になっています。よいモノをさらによくするのには限界があり、コストもかかります。しかし、製品以外の領域での差別化は、まだまだ手つかずで見落とされがちなので、気づいて、仕組みを"作ったもの勝ち"になるでしょう。
　販売・物流管理領域で差別化を実現した企業の例は、第8章でいくつ

◎製品以外の分野で差別化を図る◎

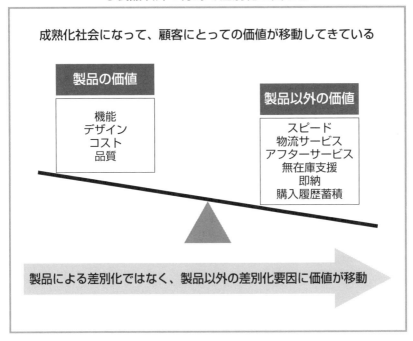

か述べますが、この領域で差別化を図った企業は、強力な競争力を手に入れているのです。販売・物流管理領域での差別化は、顧客の困っていることに対応することで実現することが可能であり、"早いもの勝ち"になるでしょう。

■■ 効率化余地が多大に残る販売・物流管理の領域

　実際、販売・物流管理領域では効率化の余地が相当残されています。特に効率化余地が残されているのは、個別組織の営業管理や物流実行ではなく、**組織間や企業間の業務連携の領域**になります。

　例を挙げましょう。商用車メーカーでのことです。商用車とは、トラックやバス、業務用の特殊車両です。商用車はビジネスで使われるので、もし、故障や不具合などで使えなくなるとビジネスに直接影響するため、常に使い続けられるように点検・保守が必要です。

　商用車を使う顧客は定期的に点検したり、修理したりしながら、長く

乗り続けます。いよいよ買い替えとなると、より安価なメーカーより、きちんと保守サービスをしてくれるメーカーから購入したいと考えるのです。どんなに製品が安くても、補修に時間がかかり、修理用の部品がないメーカーからは買いたくないと思うわけです。

しかし、自社の都合でしか効率化を考えないメーカーは、**顧客の視点をもたずに自社の利益だけを視野に改善をしてしまいます。**

ある商用車メーカーで、点検での交換や修理に使う補修用部品在庫が多すぎるからと、在庫削減をしてしまった例がありました。おかげで補修用部品の欠品があい次ぎ、修理が遅延し、顧客離れが起きました。

自社都合の効率化だけではなく、顧客視点を入れた効率化だったらよかったのですが、物流部門は顧客を意識していませんでした。「顧客に迷惑がかかる恐れがある」とする他部門の主張も弱く、こうした結果になったのです。

また、別のメーカーでは、せっかく顧客が何度も点検・整備、修理に訪れてその履歴データがあるにもかかわらず、サービス部門の顧客の履歴データが製品販売の営業に共有されず、顧客の買い替え需要をとらえるのにまったく活用されていないことがありました。サービス部門はサービス部門で、製品営業部門は製品営業部門で独自に情報を管理し、情報も業務の連携も行なわれませんでした。顧客はいちから複数メーカーに声をかけ、結果、製品購入はコンペになってしまうのです。

サービス部門と製品営業部門で顧客の履歴データが共有されていれば、製品購入から時間が経ち、補修が増えてきた段階で、買い替えの機会をとらえた営業活動ができたはずです。しかし、同じ社内でも組織が異なれば別々に活動するのは企業の悪いクセです。逆に言えば、**顧客視点で考えていけば、効率化すべき余地はたくさんある**ということです。

ここに挙げたのは一例でしかありません。販売・物流管理領域は、いまだに明確なフレームワーク（枠組み）をもって改善や改革が検討されておらず、**個別部門内だけで、問題が起きてから改善するといった対処療法や事後対応が普通**になっています。販売・物流管理領域は、改革の余地がたくさん残されているのです。

1-3 販売・物流管理の目的、定義とスコープ

どんな状況でも売上・利益を上げるために、販売・物流管理を構築する

■■ 販売・物流管理の目的はいったい何か

「作れば売れる時代」が終わり、製品による差別化が難しくなる中で顧客に選んでもらうには、**顧客の購買がよりスムーズに、低コストで、かつ、顧客のリスクを低減した形で行なえるように仕組みを整えれば、大きな差別化になります**。

しかし現実には、販売・物流管理領域は旧来の仕組みからあまり変わっておらず、かえって顧客満足を低下させている恐れがあるのです。

安定的にモノが売れず、製品ライフサイクルを規定する販売期間が短縮化し、価格の下落も早くなってきた中で、どんな状況下でも継続的に売上と利益を上げ続けないと、企業としての永続性に赤信号がともってしまう時代になりました。

企業が永続的に売上・利益を上げ続けるために構築する仕組みが、販売・物流管理です。販売・物流管理の目的は、一義的には自社の売上・利益を上げ続けることです。

しかし、それだけにとどまらず、**顧客が利益を上げ続けることにも貢献すること**が、これだけ変化の激しい時代には必須になってきます。つまり、販売・物流管理の目的は、顧客が利益を上げ続けることに貢献するとともに、自社の売上・利益を上げ続けることなのです。

■■ 販売・物流管理を定義する

それでは、販売・物流管理を定義しましょう。販売・物流管理とは、「顧客の利益と自社の売上・利益の永続性のために構築する、顧客接点で生じる営業活動から顧客への納品、請求、アフターサービスに関わる『顧客購買ライフサイクル』を最適化してすべての業務をデザインし、計画し、実行し、評価し、改善し続けること」です。

◎販売・物流管理の目的◎

一義的には、自社の売上・利益を上げ続ける。
しかし、それだけにとどまらず、

▼

顧客が利益を上げ続けることに貢献するとともに、
自社の売上・利益を上げ続けること。

◎販売・物流管理の定義◎

顧客の利益と自社の売上・利益の永続性のために構築する、顧客接点で生じる営業活動から顧客への納品、請求、アフターサービスに関わる「顧客購買ライフサイクル」を最適化してすべての業務をデザインし、計画し、実行し、評価し、改善し続けること。

　重要なことは、販売・物流管理は**顧客との接点を意識して業務を構築**することです。かつて、顧客との接点ということで、営業マンの活動管理や顧客アンケートを取って顧客への接し方ばかりが議論された時代がありましたが、「顧客満足を視野に」と言いながら、非常に限定的な活動しかされてきませんでした。

　営業マンの活動管理は、下手をすると単なる自社の売上増大のための活動になり、顧客に迷惑をかけることも多々あったでしょう。単なる売上ノルマ達成のための管理は、結果的に顧客の利益にはならず、自社の利益優先の業務を自社に植えつけ、結果、顧客離れを生んでしまう恐れがあります。

　また、顧客満足度という視点が単なるアンケート集めに矮小化され、小手先の改善でとどまり、ブームがすぎれば元の木阿弥、何事もなかったかのように昔ながらの業務に逆戻りすることも多かったと思います。

顧客視点が、単なる自社の利益の視点でとどまったり、小手先の業務変更では効果がありませんし、かえって自社にとってマイナスの結果を生み出します。顧客の利益と自社の売上・利益を両立させる視点をもち、販売・物流管理として仕組みを変えてビジネスを永続させる基盤を作ることが重要なのです。

■■ 販売・物流管理のスコープ

それでは、具体的に販売・物流管理はどういった「業務領域」をふくむべきでしょうか。

単純に言えば、顧客への貢献と自社の売上・利益の最大化ができるようにすべての業務領域を対象にすべきです。しかしながら、すべての業務領域では範囲が広すぎるので、対象を絞って、顧客接点の関連領域を対象とすべきでしょう。

販売・物流管理で視野に入れるべき業務領域のスコープ（視野）は、**製品企画・設計、ロジスティクスネットワークデザイン、商談・販売計画から生産・調達計画までの計画業務、受注から出荷、請求・回収までの実行業務、製品購入後のアフターサービス全般**です。

上記の自社の業務スコープから、関連組織のスコープを考えてみましょう。まず、自社の組織では、主要な部門として企画・設計部門、営業部門、製造部門、調達部門、物流部門、経理・経営管理部門、アフターサービス部門が関わります。

販売・物流管理は、自社に限定する必要はありません。顧客接点は顧客との業務連携が生じる場合がありますから、その際は顧客の部門との連携を意識して、顧客の業務部門も視野に入れます。

たとえば、顧客に部品を納入している企業では、顧客の設計部門や購買部門を業務連携上、視野に入れる必要があるでしょう。顧客が自社製品を組み込んで製造・販売してくれる場合、顧客の営業部門や企画部門、購買部門、製造部門と連携しなければならないかもしれません。

顧客の利益と自社の売上・利益を両立させるべく構築するためには、視野を単に営業部門に限定せず、顧客の業務にまで拡大することが必要

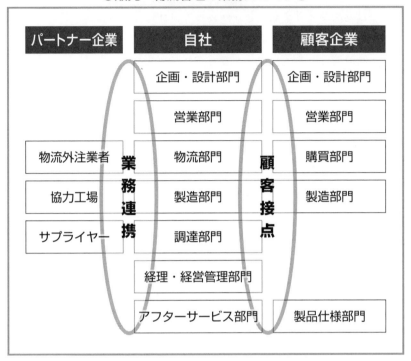

です。

■ 営業部門に閉じこもり、短期的視野で活動する弊害

　企業競争力を向上させるためには、営業部門に閉じこもった活動では不十分で、かえって望ましくない結果を生む可能性があります。特に短期的な視野で活動すると、より望ましくない結果を生みかねません。

　以前、私の知るA社で売上が鈍化したことがありました。年間売上数千億円の大企業ですが、売上管理が厳しくなり、毎週、社長が売上会議を開くようになりました。その中で社長が厳しく追及したのが、「今月の売上が計画通りにいくのかどうか」というチェックでした。毎月の売上が確実なら、年間の目標達成もできると考えたのでしょう。

　毎週、毎週、「今月の売上はどうなるのか」と厳しく追及され、月末

が近づくと厳しさが増します。ひと月が終わると翌月も同じです。

　A社は顧客用のカスタム品、もしくは自社製品を顧客向けに少しだけ改造するセミカスタム品を売る会社です。顧客は製造業ですから、営業マンががんばって売上を急激に上げることは困難でした。

　本来は、顧客の長期的な新製品開発に寄り添って部品の採用を受け、顧客の生産に合わせて滞りなく、在庫過多にならないように供給と生産をコントロールするのが営業の役割なのです。売込みが不可能な顧客関係で、無理に売ることは顧客の不評を買いました。

　仮に、一時的に月の売上達成を実現しても、それは単に先の月の購入の前倒しぐらいにしかならず、年間の売上達成を見ればほとんど貢献はしません。それよりも、いらない在庫を買わされる顧客側が在庫リスクを負うことになり、不評を買っていきました。

　本来、A社の売上向上には、もっと長期的な顧客との商談管理が重要でした。しかし、そうした視点を欠いて営業の月の売上達成を目指し、自社の都合、突き詰めれば自社の営業成績のためだけに業務を集中させることは、顧客満足を低下させ、長期的に信頼を失うことになったのです。

　結果的に、A社は売上を増やすどころか逆に減らしてしまい、苦境に陥りました。本来、販売・物流管理として行なうべきことを見誤ったのです。

■ 販売・物流管理の時間スコープ

　A社は、極端に管理対象の時間を短期視野に限定しすぎました。これでは、顧客関係がこわれます。

　モノを売るプロセスは、単に売上を上げるときだけでなく、もっと長い時間軸で顧客とつき合うなかで構築されるのです。売上を上げるのは最後の仕上げであって、それ以前に長い時間をかけて、売上を上げるまでの活動を行なっていかなければなりません。

　その時間軸は、企業によって異なります。長いケースでは数年から数

◎長期的な時間スコープが必要◎

販売・物流管理の時間スコープは、短期"処理"の時間軸ではなく
長期の顧客関係の永続性の時間軸

| 即時～1か月 | 1年 | 3年 | 数年～数十年 |

短期視野：販売・物流"処理"の時間軸

短期＆長期視野：
販売・物流管理の時間軸＝ビジネスモデル構築と顧客関係の永続性維持の時間軸

十年の時間をかけて、販売・物流管理を行なう必要があります。短いケースでも、数日から数か月の時間軸で販売・物流管理を構築し、実行管理をしていきます。

単に目先の売上を上げることだけを管理するのが、従来言われていた「売上管理」や「営業マンの活動管理」です。短い期間の活動で、結果も売上が実現したかどうかの判別で単純ですから、高度経済成長期には適した管理方法だったのかもしれません。

しかし、顧客の選別が厳しくなり、製品による差別化が困難になった現在において、短期的な視野で目先の売上を追うことを強制するような管理方法では、顧客の利益も自社の売上・利益も両立できず、企業の永続性も担保できない状況に陥ります。

作ってもモノが売れない時代は、販売・物流管理の時間スコープを広げて長期的な視野で考えないと、顧客の信頼を失い、結果的に売上・利益を減少させる恐れさえあるのです。長期的な時間スコープが必要です。

1-4 販売・物流管理のフレームワーク

競争力のある販売・物流管理を再構築する

■■ 販売・物流管理のフレームワークの全体像

　販売・物流管理を再構築するといっても、進め方を誤ると何の解決にもならないどころか、かえって問題を悪化させる可能性があります。

　かなり昔には、仕事が標準化・定義されておらず、人だけ集めて目標だけを割り振り、やり方は個人に任せるといった、いい加減な時代もありました。このような時代は、問題があれば個人の能力の問題にすり替えられ、悪者探しが横行しました。

　さすがに昨今は、個人のせいにはせず、仕事の仕組みが悪いという問題設定がされるようになりました。しかし、それでも原因追究の行きつく先は個人の能力やモラルの問題に還元されてしまい、個人を叱責して人だけを変え、一件落着というケースが多く見受けられます。結局、何も改善されずに同じような過ちを繰り返す企業があとを絶ちません。

　製造分野と違って、販売・物流部分は仕事が明確に規定されていないため、結果や問題が個人の責任にすり替えられてしまうことが、今でも多く起きているのです。

　企業の責任は、仕事の仕方を標準化し、仕組みを用意し、ルール通り・想定通りに結果を生み出せるようにしておくことです。人だけ集めて、「あとは勝手に仕事をしろ」では企業ではありません。

　しかし、仕事を改善したり、改革したりするためのやり方は定義されていません。また、問題の対象となる業務をどのように見て、どこを勘所に仕事を変える議論をするのか、明確になっていません。そのため失敗も多いし、考える手がかりがなくて手もつけられないという場面にも多く出くわします。

　販売・物流管理を再構築するにあたって、長年手がけてきた経験から、

考えるためのフレームワーク（枠組み）は次のように定義します。この定義に従って、いくつものプロジェクトを成功に導いているので、効果のあるフレームワークです。

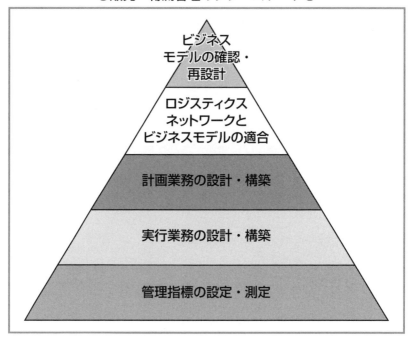

◎販売・物流管理のフレームワーク◎

まず、販売・物流管理を検討するにあたり、最上位のフレームワークが、「ビジネスモデルの確認・再設計」です。ビジネスモデルでは、企業がどのようなビジネスを基礎に考えているかを把握します。

次に、**現行のロジスティクスネットワークが、**確認したビジネスモデル**に適合しているのかどうかを検討**します。検討後、ギャップがある場合は、ロジスティクスネットワークを変更する青写真を描きます。

ロジスティクスネットワークを基盤にして、そのネットワーク上を動くモノのマネージとコントロールをします。そのための業務が「計画業

務」です。計画業務が、ヒト・モノ・カネという資源（リソース）を決めます。計画的に、人員採用、設備投資、企業で作るモノや売るモノの数量とタイミングを決めるのです。決め方がまずいと会社は危機に陥り、決め方が上手だと会社は継続的に儲かります。

　計画を実行していく業務が、「**実行業務**」です。受注したり、生産したり、出荷したりといった、実際にモノが動く実行業務は、QCD（品質、コスト、納期）を最適化して統制されるべき業務です。実行業務がスムーズに実施されるように設計されていないと、QCDを悪化させます。

　計画通りに実行されたかどうかをトラッキングするのが、「**管理業務**」です。管理指標を設定し、目標と実績を対比して、改善のサイクルを回します。

　こうしたフレームワークに沿って、どこに問題があり、どう直していくべきかを議論すれば、全体像の中で直すべきことがわかり、部分最適に陥らずに、全体整合の中で全体最適を目指して改善策を考え、実際に手を打つことができます。
　それでは、各フレームワークを説明しましょう。

■■「ビジネスモデル」の再確認の重要性

　販売・物流管理を最初に考えるための足掛かりが、「ビジネスモデル」です。ビジネスモデルとは、**自社の売上・利益を実現するための仕事のあり方**です。
　たとえば、コンビニは集客力のある路面店に売れ筋の多品種少量を在庫し、商品1つひとつを単品単位での販売実績管理と在庫管理を行ないます。多頻度補充配送を行なうことで、在庫リスクと欠品リスクを最小化させるビジネスモデルと見ることができます。
　コンビニは競合も多く、各社しのぎを削っています。上記のようなビジネスモデルは、ビジネスモデルの一面でしかなく、各社各様の集客、商品の選択、サービスのあり方・売り方・仕入れ方・管理の仕方を常に

ブラッシュアップしています。各社、こうしたビジネスのあり方を競い合っているのです。

かつて、パソコンメーカーのデルが躍進したのも、ビジネスモデルの違いが要因でした。日本をはじめ、一般のパソコンメーカーは、見込生産の店頭在庫販売・代理店販売による間接販売をビジネスモデルにしていました。そこにデルが無在庫・受注生産・顧客直接販売をひっさげて登場し、市場を席巻していきました。

ビジネスモデルは仕事の仕方を規定し、競争力に大きな影響を与えます。そして、ビジネスモデルの基盤を支える重要な要素が、販売・物流管理なのです。ビジネスモデルが違えば、考えるべき販売・物流管理も異なります。

販売・物流管理を改善する際も、大きく変革する際も、販売・物流管理の上位概念となるビジネスモデルをきちんと確認し、必要に応じて再検討し、明確にしておくことが重要です。

ビジネスモデルが不明確だと、販売・物流管理のあり方が不明確になり、議論が堂々巡りになったり、打ち手が対症療法になったりしてしまい、ビジネスに悪影響を与えます。

私の知る企業でも、企業向けの設備を売る生産財メーカーが、補修部品在庫を削減し、倉庫を日本全国1つに統合して、顧客からそっぽを向かれた例があります。

顧客企業のビジネスを支えることがこの会社のビジネスで、そのためには顧客の設備が稼働し続けることを支援し、そのために仕事のあり方を構築すべきでしたが、そこを誤ったのです。自社の効率化と在庫削減を優先したため、自社のビジネスモデルに反し、顧客満足を悪化させ、苦境に陥りました。

自社はどのようなビジネスモデルをもっているのか、または設定すべきなのか、きちんと確認しなければ競争力を喪失しかねません。競争力のあるビジネスモデルを確認したうえで、仕事の仕方を定義すべきです。

■ ビジネスモデルを下支えするロジスティクスデザイン

　ただし、仕事の仕方を定義する前に、**仕事を行なうための基盤となるモノの流れ**をデザインしなければなりません。「ロジスティクスデザイン」がビジネスモデルを下支えする業務基盤となり、販売・物流管理の仕事のあり方を規定するのです。

　ロジスティクスデザインは、「**ロジスティクスネットワーク**」「**物流ネットワーク**」とも言えますが、もう少し広く考えたほうがよいでしょう。単なる物流の流れだけでなく、**調達の仕方**、**生産の仕方**も、ビジネスモデルを支えるにあたってデザインにふくめるべきだからです。

　ロジスティクスデザインでは、モノの調達や生産の仕方を考えます。まず、自社のビジネスモデルと顧客へのサービスを考慮し、**製品在庫を持つか**、**持たないか**を考えます。持つのであれば、「見込生産」や「見込調達」になります。そうでないなら、製品在庫を持たずに「受注生産」を検討します。また、自社で作らずに「商品として仕入れる」ことも選択肢になります。

　生産する場合は、**どこで生産する**のかも重要な検討事項になります。日本で生産するのか、海外で生産するのか、市場の近くで生産するのか、市場に遠くてもコストが安い場所で生産するのか、といった選択も生じます。

　見込みで在庫する場合は、**倉庫をどのようにもつか**も検討します。倉庫はセンター倉庫1つにするのか、センター倉庫から地域倉庫、顧客そばのデポ拠点と階層化するのかも検討します。倉庫も自社運営か、借庫（しゃっこ）か、倉庫業務も自社かアウトソーシングか、8時間稼働か24時間稼働かといった倉庫業務の枠組みも検討します。

　輸送の仕方も船か飛行機か、トラックも自社か傭車（ようしゃ）やチャーターか、路線便か共同配送か、配送は多頻度か日に1回か、といったところまで考えます。

こうしたロジスティクスネットワークは、**一度デザインして動き出すと、長期的なサービスレベルとコスト構造が決定され、自社の競争力に大きな影響力**を与えます。しっかりとした検討が必要なのです。

　ちょうど今、このロジスティクスデザインの競争が始まっています。ネット企業の「ラストワンマイル」と呼ばれる、**最終消費者への届け方を規定するロジスティクスデザイン**です。
　たとえば、ネット流通業ではドローンの利用、受注後1時間配送、受注後20分配送などのロジスティクスネットワークモデルの競争が始まっています。先進国では、アメリカを皮切りに「ラストワンマイルを誰が制するか」という戦いが始まっているのです。
　新興国も同様です。ジャカルタなどの新興国市場では、モバイル端末からの注文に対し、かつてのバイクタクシーを配送の担い手にして従来の輸送業者を使わない方法が構築され始めています。渋滞が常態化し、労働力が豊富で、人やバイクといった資源（リソース）が豊富な市場で

◎ラストワンマイルの競争◎

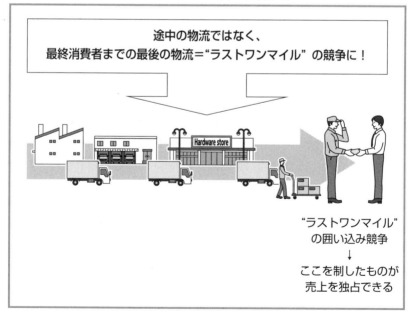

は、非常に有効なロジスティクスモデルになるでしょう。

■ 長期的な売上・利益を確定させる「計画業務」

　ロジスティクスデザインが決まれば、そのロジスティクスネットワーク上のモノの流れをコントロールするための「**計画業務**」を設計することが重要になります。計画業務は軽視されがちですが、**計画業務こそ、企業の売上・利益を確定させてしまう重要な仕事**なのです。ヒト・モノ・カネを準備するのが計画業務だからです。

　計画業務は、**販売計画・生産計画・調達計画・物流計画といった企業と組織機能を横断したうえで、各組織機能の計画を立案する業務**です。計画業務の業務スコープは広いのです。

　また、計画業務は時間軸も複雑です。計画業務は、計画立案のタイミングで階層化しています。**長期計画（3か年計画や5か年計画）、年度予算、月次計画、週次計画**と、長期の計画から短期の計画まであります。時間軸での計画階層をもち、長期の計画が上位となって、徐々に短期の計画に分解されていきます。

　「長期計画」では、長期的なヒト・モノ・カネの準備をします。数年先の製品戦略に基づき販売計画を立案し、必要な営業マンの採用・育成、製品物流倉庫の投資、営業所の設立などを計画します。

　長期生産計画によって工場建設・設備投資を検討し、長期調達計画で新規部材の決定とサプライヤーの探索・契約が行なわれます。長期計画で、長期的な投資とコスト構造が決まります。

　「年度予算」は、長期計画を年度で切り出してより詳細に計画し、投資実行タイミングと実行投資額を確定していきます。

　年度生産計画から生産能力を計画し、採用計画を立ててヒトを雇い、設備投資を行ないます。年間の部材調達を決め、サプライヤーと価格交渉をします。船・飛行機・トラックの輸送費交渉や輸送能力の確保を行ないます。こうして予算が、その年度のコスト構造を確定させていくのです。

また、年度予算で計画されたヒト・モノ・カネが、顧客へのサービスレベルを制約し、自社の売上の制約にもなります。なぜなら、用意した以上のヒト・モノ・カネの急な調達には限りがあるからです。

　しかし、年度予算で立てた計画通りにビジネスが進むとは限りません。年間を通して計画通りにいかなかったときの補正をかけていくのが「月次計画」です。
　売上予算通りにいかないときにキャンペーンなどの手を打ったり、逆に売れすぎて欠品しそうなときに生産能力を増加させるべく外注生産を依頼したり、残業を依頼したり、少々コストが上がっても売上・利益が増えるなら、追加のヒト・モノ・カネの投入を意思決定したりします。

　「週次計画」は、月次計画をさらにきめ細かく補正していく業務です。ただ、あまりに細かく変動させると、かえってコストが上がる可能性もあるうえ、無意味に変動対応して混乱を引き起こすこともあるので、注意が必要です。
　こうして計画業務が、企業のヒト・モノ・カネをそろえ、売上・利益をマネージするのです。企業収益を決定してしまうので重要な業務であり、計画業務の良否が、企業の売上・利益を稼ぎ続けるバロメーターになるのです。

■■ 確実な納品で、確実に売上達成する「実行業務」

　計画業務に基づいて、もっとも効率よく、スピーディーに、高品質で、納期を守って業務遂行をする役割を担うのが「実行業務」です。
　受注・出荷・配送・生産・調達といった指示に基づいた実作業は、業務を標準化し、誰がやっても規定通りの品質・コスト・納期（Q: Quality、C: Cost、D: Delivery）で行なえるようにします。

■■ 計画と結果をトラッキングする「管理指標」

　計画通りに実行されたかどうかを測定することが、「管理指標」を設定して検証する業務です。PDCAサイクルの最後の業務です。計画通り

に行なっていない場合、アラームを発し、計画の再検討・再計画を促し、アクションを示唆します。

　計画通りにうまくいっているかどうかを常に監視するために設定される指標を「**管理指標**」と言い、その中でも特に重要な指標を「**主要管理指標（KPI: Key Performance Indicator）**」と言います。KPIを可視化し、監視することで、異常値の早期発見と早期対応が可能になります。

■■ 販売・物流管理のフレームワークは全体最適を目指す

　販売・物流管理を検討・構築する際のフレームワークは、ビジネスモデル検討、ロジスティクスデザイン、計画業務設計、実行業務設計、管理指標設計があり、こうした構造化した検討と、相互に矛盾のない関連性の整理が重要になります。

　競争の厳しい現在、単独の組織機能に閉じこもって改善しても効果は限定的です。企業競争力を強化し、永続性を獲得するためには、**組織横断で、ビジネスモデルから管理指標までの業務を連携して検討することが必要**なのです。

　企業は1つの組織だけででき上がっているのではなく、また、ヒト・モノ・カネといった物理的な資産を活用してビジネスを行なっているのですから、全体が企業の売上・利益を最大化するように統合・デザインされている必要があるのです。

　その意味で、販売・物流管理のフレームワークはぜひ頭に入れて、販売・物流管理のあり方を検討していきましょう。

1-5 販売・物流管理の担い手は誰か

競争力のある販売・物流管理は、営業部門だけでは作ることができない

■ 販売・物流管理を構築する役割をもつ部門はない

　日本企業には販売・物流管理のフレームワークがないため、販売・物流管理の全体像を把握しながら、あるべき姿を描いたり、実際に業務を作り上げていく役割をもつ部門がありません。そもそも、そうした機能を必要と考えてこなかったため、役割がないのです。

　例を挙げましょう。世界中に精密機器を輸出している企業があります。精密機器は複数あり、事業部が分かれています。世界中に販社があり、メインの工場は日本と中国です。この企業では、工場から販社までの輸送は、事業部ごとに行なわれていました。

　この企業は、事業部A、事業部Bと形態が似た精密機器を製造していますが、販売先が違うため、物流はそれぞれで行なう状況でした。製品単価が高く、世界各国に空輸しています。

　近年、製品単価の下落が激しくなり、物流費がコストダウンのやり玉に挙がりました。営業本部が原価低減を要求したのです。しかし、営業部も各国への物流費の額を正確につかんでいないうえ、他に物流費の全貌を把握している部門はありません。販社の決めた航空会社で運んでいるだけで、空輸の単価を交渉する部署もなく、誰も物流の形態やアウトソース先の選定を統括せず、販社や営業任せで行なっていたのです。

　しかも、同じような製品でも事業部が違うため、事業部ごとの管理となっていました。共同輸送を行なえば、輸送効率も上がり、単価の交渉力も上がったはずですが、事業部の垣根を越えて取りまとめる部門もありませんでした。

　この企業では、同時に空輸から船舶輸送への切替えが経営者から指示されました。いよいよ空輸を続けられるほど、販売単価が取れなくなっ

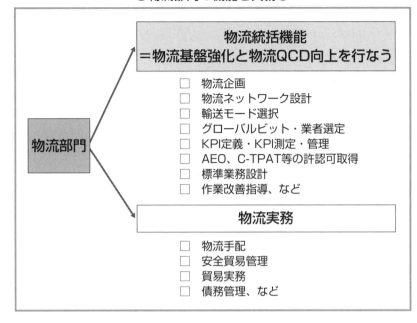

◎物流部門の機能と実務◎

てきたのです。しかし、事業部や国境をまたいで物流ネットワークや輸送モードを検討し、価格交渉をしたにもかかわらず、物流形態を決定する部門がないため、議論は遅延に遅延を重ねました。

この企業では、数か月議論しても話が進展せず、結局、本社組織として物流統括部門を設立したのでした。

同様の例はたくさんあります。物流ネットワークの設計や輸送モードの選択、共同輸送の可否判断、輸送業者の選定が個別組織でバラバラに行なわれているため、いざ改革をしようにも手が打てないのです。

■■ 営業部門だけで販売・物流管理は構築できない

営業部門は売上だけでなく、利益の確保も要求されます。単価が下落して粗利が圧迫されると、売上原価にふくまれる輸送費の削減による利益確保を施策として挙げることがあります。

しかし、営業部門にとって調達物流にあたる仕入輸送費は管理不能です。営業組織への輸送は、工場部門や工場物流部門が握っていることが

あるからです。営業部がいくらコストダウンを要求しても、工場都合で改善が一向に進まないことはよくあります。

　また、営業部門や販社から顧客までの出荷物流も、営業だけでは改善できません。たいてい営業部門は物流を実施せず、物流部門にお任せか、物流会社にアウトソーシングしていることがほとんどです。物流として必要な要件の切り出しは難しく、営業部門単独では、なかなか改革は進まないものです。

■■ サプライチェーンをまたがった機能横断のプロジェクトが必要

　工場から販社、販社から顧客までのモノの流れを再構築し、「必要なモノを、必要なときに、必要な量を、必要なところに適切に届ける」には、サプライチェーン全体を見渡し、それぞれの施設・設備と輸送モード、在庫の保持、受注・出荷の締めのタイミングと荷受け・出荷作業の連携、荷姿の適正化を行なわなければなりません。

　しかも、受注から出荷し、着荷するまでの時間を販社や顧客へのサービスとコスト上、適正なリードタイムにするには、受注の仕方、受注の締め時間の設定、輸送中の荷扱いの品質、着荷タイミングの決定、荷受け時の荷姿などを取り決めなければなりません。

　これは、営業部門や物流部門単独ではなく、組織横断・企業横断で決めていかなければならないのです。

　過去から長い販売実績のある企業であるほど、こうしたサプライチェーン上の供給サービスレベルや受注生産方法・荷姿などの慣習が深く根づいてしまっています。

　よほど会社の状況が危機的になるなどの事態がないと、一度固まった仕事のやり方は変えられず、まして営業といった一部門から変えようとしても、モノの流れに関わる他の生産や物流などの部門が協力してくれるとは限らないのです。サプライチェーンをまたがった機能横断のプロジェクトが必要となるのは、そうした背景があるからです。

　販売・物流管理を改革する場合は、販売・物流管理を統括する部門が存在して、その部門が主軸となるか、関係組織が参画するプロジェクト組織を立ち上げることが必要となるでしょう。

1-6 販売・物流管理の効果

顧客の購買プロセスを取り込んで囲い込む

■■ 訪問・注文・配送・決済の連動を設計すべし

　今までのビジネスは、売る人は売る役割、作る人は作る役割、運ぶ人は運ぶ役割、お金の決済をする人は決済する役割でした。それぞれ「人」と表現したところを「事業者」として表現すると、小売業、製造業、物流業、金融業でした。

　こうした企業群は独立に存在していて、特に連携は意識されず、個別のビジネス構築上、必要に迫られて連携しているにすぎません。その点、顧客からすると、非常に面倒なプロセスを踏ませられるのです。

　まず、店舗に訪問し、商品を探します。在庫がないと納期を聞きますが、小売業と製造業といった企業の垣根があるため、明確な納期が返ってきません。

　さて、納品となると「店舗に取りにくるか、配送業者を使うか」の選択ができる場合はまだしも、その選択ができない場合もあります。

　最後に決済、つまり支払いは現金または使えるクレジットカードが限られているといった状況で、現金がないと買えなかったり、使えないカードがあったりと、がっかりさせられるときがあります。

　こうした状況は、顧客の購買プロセスが企業単位で分断され、顧客サービス本位でデザインされていないから生じるのです。

　最近私は、ある家電量販店に買い物を集中させています。この量販店ではカードを発行していて、買い物の際にはこのカードで決済ができ、ポイントがつき、配送を頼むとカードに登録している住所をさっと呼び出して配送料・配送日が迅速に決定できます。

　店舗に行く手間以外は、すべて一気通貫のプロセス化が実現されているため、楽に買い物ができるのです。この量販店はネット店舗も構築しているため、店にわざわざ行く必要もなくなります。店頭で実物を見て

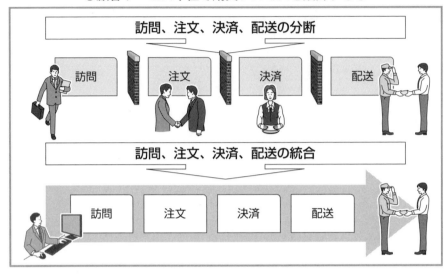

欲しいとなることも考慮され、在庫のない店舗に行かないように、各店舗での在庫の有無もネット上で確認できます。

■■ 顧客購買プロセス＝販売・物流プロセスの一気通貫化と囲い込み

　顧客の購買プロセスを一気通貫でデザインし、ワンストップ・ワンサイクルですべて済む便利さは計りしれません。こうした場所で買いものをしてしまいますから、私はこの企業に囲い込まれているに等しいのです。企業側からすれば、購買行動を有機的に連動して取り込む仕組みが構築されていることになります。こうした企業が、売上・利益を確保していくのでしょう。

　上記の囲い込みの例は、最終消費財を最終消費者に販売するB2C（Business to Customer）の分野だけで起きているわけではありません。B2B（Business to Business）という企業間の取引でも、同様の囲い込みは起きています。

　一般には、B2Bの分野では購買元、つまり発注者側が利便性やコスト低減を目指し、供給業者とのビジネスプロセスを構築することがあります。自動車業界などは、部品納入のやり方を自動車の最終組立メーカー

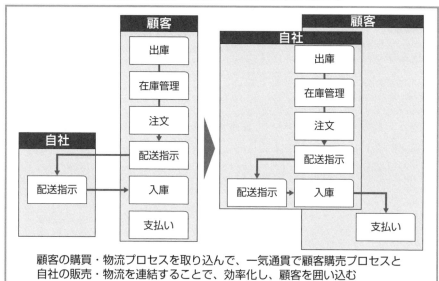

◎顧客の購買・物流プロセスを取り込む◎

顧客の購買・物流プロセスを取り込んで、一気通貫で顧客購売プロセスと自社の販売・物流を連結することで、効率化し、顧客を囲い込む

に合わせて納入させる方法が構築されてきました。しかし、すべての業界で発注者側から効率的、かつ、低コストのビジネスプロセスが形成されるとは限りません。業界が遅れていたり、供給業者側の交渉力が強くて供給業者に都合のいい仕組みになったりする場合もあります。

こうした業界では、過去に構築された購買プロセスの仕組みが硬直化していることがあります。販売側からすると、購買プロセスはまさに販売・物流プロセスそのものになり、このプロセスが旧態依然であるということは、そこにビジネスチャンスがあるということになります。

私が知る例でも、いくつかの企業が硬直化した「旧態依然の顧客購買プロセス＝自社の販売・物流プロセス」を再構築し、圧倒的な競争力を手に入れた例があります。

「顧客の購買プロセス＝自社の販売・物流プロセス」を一気通貫化させて仕組化することで、もっともサービスレベルが高く、効率的で低コストの仕組みが構築できれば、顧客を囲い込むこともできますし、相当な競争力になるのです。具体的な改革事例は、第8章でご紹介します。

Column

デリバリーをドローンで行なう衝撃

◆アマゾンのドローンデリバリー

　世界的な小売り最大手の一角であるアマゾンが、ドローンでの配送をぶち上げて世界を驚かせました。アマゾンと言えば、幅広い商品の品ぞろえ、購買推奨（リコメンド）、短時間配送と決済システムの統合で最先端の企業になっています。

　アマゾンはB2Cの小売業ですが、モノを並べて売って終わりではなく、顧客起点からビジネスモデルを構築し、着々と競争力のある販売・物流管理を構築してきました。購買金額がある一定金額を超えると配送料が無料になり、配送スピードも速く、会員になればさらに配送時間を短縮するサービスで他社の追随を許さない域まで達成しようとしています。

　販売・物流管理を競争力にする流れの中からドローンによる配送が登場しましたが、果たしてアマゾンのように配送をここまで劇的に変えようという考えをもった小売業がほかにあったでしょうか。配送は顧客が持ち帰るモノ、もしくはせいぜい宅配業者に委託してあとは宅配業者の仕事で関係ないといった姿勢がほとんどではないでしょうか。

　アマゾンのように、販売・物流管理の最適化が競争力の決め手の１つになるという視点でいる企業は、どれほどあるでしょうか。

◆自社物流の必要はなく、アウトソーシングでかまわない

　競争力のある販売・物流管理を構築するにあたり、すべてを自社で行なう必要はありません。実際、日本ではアマゾンの物流はアウトソーシングされています。ただし、物流のあり方や管理方法はきちんと自社でデザインし、管理監督をする必要があります。要は、実行はアウトソーシング、企画・管理を自社で行なえば、最適な組み合わせで業務遂行ができるわけです。ドローン配送も課題はありますが、競争力を向上させるため、販売・物流のあり方を積極的に検討するアマゾンには脱帽です。アマゾンに負けず、競争力のある販売・物流管理を検討し、構築していこうではありませんか。

第 **2** 章

販売・物流管理は
ビジネスモデルから始まる

2-1 販売・物流管理はビジネスモデルが起点

「顧客」と「製品・サービス」の定義が事業の対象や範囲を決める

■■ ビジネスモデルを定義する

　ビジネスモデルは曖昧な概念ですが、本書では次のように定義します。ビジネスモデルとは、「企業活動において、顧客と提供する製品・サービスを定義し、製品やサービスを提供する方法と手段としての経営資源を定義し、収益を確保し、決済を行なう仕組みを設計すること」です。

■■ ビジネスモデルを確認する際は「顧客」の定義が最重要

　重要な項目を抜き出すと、第一に「**顧客**」の定義が挙げられます。顧客とは、自明のようでいて、意外と見落とされている視点です。「顧客は誰か」という定義は、全体に影響する重要な項目です。
　たとえば、自動車の顧客を実際に運転する使用者としての最終消費者と見なすか、ディーラーと見なすか、海外販社を顧客と見なすかどうかによっても考え方に大きな影響を及ぼします。

　もし、最終消費者を顧客と見なせば、最終消費者への売り方、納品・決済が視野に入り、ディーラーや販社を巻き込んで売り方や届け方、売上金の回収の仕方が考えられるはずです。貢献すべきは最終消費者の利便性であって、場合によってはディーラーや販社は負担を強いられることもあるでしょう。
　一方、顧客をディーラーや販社までとすると、ディーラーや販社とのやり取りだけを考えればよいとの判断になり、最終消費者の利便性よりも関連する企業群だけでビジネスのあり方が規定されます。場合によっては、最終消費者の利便性がないがしろにされ、企業間取引の最適化が目指されるかもしれません。
　つまり、**顧客の定義が全体のスコープ（視野）に影響し**、実現すべき

◎ビジネスモデルの定義◎

> 企業活動において、顧客と提供する製品・サービスを定義し、製品やサービスを提供する方法と手段としての経営資源を定義し、収益を確保し、決済を行なう仕組みを設計すること

価値の定義に影響するのです。販売・物流管理上、最終消費者とディーラーや販社などの事業者とでは、どのような製品やサービスを届ければよいかという根本的な定義が変わってくるのです。

　たとえば、顧客は最終消費者と定義すれば、最終消費者が購入時に欲しがる情報を提供したり、最終消費者が価値を認める届け方をしたり、最終消費者との接点で実現すべき価値ある対応方法が検討の俎上に上ります。最終消費者の購買データを収集し、分析しようともするでしょう。

　一方、顧客は販社やディーラーと定義した場合、違った対応になるでしょう。販社やディーラーの動向を把握し、彼らにとって利便性を提供する仕組みを考えるでしょう。顧客の定義が、販売・物流管理として考えるべき対象や範囲（スコープ）を規定するのです。

■■ 製品・サービスを定義する

　顧客の定義にも影響されますが、次に「**自社の製品・サービス**」を定義します。製品・サービスの定義は、企業の業務とシステムのあり方を規定する重要な事項です。

　たとえば、自社が売っているものがプリンターと消耗品と定義すれば、それらをいかに迅速に、欠品なく届けるための業務が構築されます。

　もし、自社で提供するものが顧客へのプリンティングサービスだと定義したら、本体機器は無償提供し、消耗品販売、もしくは「何枚刷ったか」という使用量に応じた従量課金ビジネスにするかもしれません。この場合は、使用量を把握し、課金できる仕組みと本体機器が動き続けるように保守し、消耗品を届ける仕組みが必要になります。

　このように、自社の製品とサービスの定義が企業の仕組みに大きな影

響を与えるのです。

■■ 製品やサービスの提供方法と手段としての経営資源

　顧客と製品・サービスの定義が決まれば、「**顧客に対し、製品・サービスを提供するための方法と手段としての経営資源**」を検討します。

　これは、顧客に対する供給連鎖（サプライチェーン）の設計と施設・設備検討になります。販売・物流管理の業務実行のための「インフラデザイン」とも言えます。

　先ほどのプリンターの例で言えば、顧客をディーラーや量販店、製品と消耗品を提供する自社製品とした場合、ディーラーや量販店の販売・在庫状況の把握、ディーラーや量販店からの受注に即応答して納入する仕組み、そのための倉庫配置やシステムが検討されます。

　たとえば、生産方式は見込生産、日本国内倉庫は全国4か所、輸送はトラックとなるでしょう。従量課金の場合は、また違ったサプライチェーンの形態になるはずです。

　販売・物流管理では、ヒト・モノ・カネを投じて、規定されたサプライチェーンを実現します。併せて業務運用を行なうための計画業務、実行業務、測定・評価業務が作られるとともに、PDCA（P: Plan、D: Do、C: Check、A: Action）の業務サイクルが設計され、必要なプロセス、組織、システムが用意されます。

　こうしたサプライチェーン上に準備された工場や倉庫、輸送形態と従業員などのヒト、業務上購入される原材料や燃料などがコントロールされて原価が決まり、利益が決まってきます。この一連のビジネスモデルによって、企業の競争力が決まってくるのです。

2-2 顧客との接点を起点としてプロセスをデザインする

ビジネスモデルをもとに顧客の購買プロセスをスムーズにする

■ 顧客接点は、顧客の購買プロセスと同義とすべし

　一時期、顧客満足度を調査し、向上させようという活動が一世を風靡しました。

　このときの主な活動は、顧客にアンケートを取って、どれほどの満足度かを確認し、「不満点はないか」「改善点はないか」と聞いていく手法でした。**あくまで、現状の顧客との接点の業務改善がベースで、ここからビジネスモデルの変更や業務プロセスの変更は引き出せません。**簡単な施策しか出てこなかったのです。結局、こうした顧客満足度の向上活動は、下火になっていきました。

　顧客接点での顧客満足を向上させることは大切ですが、従来のビジネスモデルに基づく顧客接点をいくら改善しても、満足度向上にはつながらず、逆に従業員の負担ばかりが増える例が散見されました。

　時代は変わり、仕組みそのものから整えて顧客接点を再構築し、従業員の個人的ながんばりに依存しないことが当然のことになりました。

　過去の顧客接点の議論は、顧客が店頭にきてから従業員との接触の方法や顧客の動線、待ち時間といった目に見える単純な作業レベルの議論しかされませんでした。しかし、**今では顧客の購買プロセスに対して対応すべき一連の業務プロセスの視点**で考えられています。顧客のプロセスと自社のプロセスを最適にマッチさせるのです。

　顧客満足といった、測定しにくいうえに売上や利益に貢献しているかもわからないような調査と小手先の改善はやめて、今では売上と利益を向上させるためのプロセス最適化が目指されています。

　顧客接点におけるプロセスの定義は、顧客の購買プロセスそのものを定義することと同義なのです。

■■ 顧客接点は、顧客が店頭にくる前から始まっている

　通常、顧客の購買プロセスは顧客が店頭にきたり、発注をすることで始まると考えられますが、実際はもっと前から顧客の購買活動は始まっています。

　たとえば、一般の商品を購入する場合、お店などの購入先と商品を選ぶという行動があります。数ある購入先や商品から、自分の必要性をもっとも満たすモノを探すのは面倒なものです。最近ではネットで検索することが多いため、検索にヒットしやすくする、または店を紹介してくれるサイトに登録するなど、商品も検索しやすいように工夫する必要があります。メールによるリコメンドや、SNSでの紹介等を使っておすすめ商品を紹介して購入に結びつける方法も一般化しています。

　ネットから実店舗に誘導する場合や、逆に実店舗からネットに誘導する場合もあります。店頭で実物を確認し、購入はネットで行ない、登録済みの方法で簡易に決済してポイントをため、配送も自動で行なってもらうことで、決済・配送という煩わしいことをせずに済みます。

　顧客をネット店舗やリアル店舗に訪問させ、購買に結びつけるためには、数ある購入先から選んでもらうための誘導方法を考えなければなりません。顧客の店舗検索と商品検索を1つのプロセスとして定義し、最適化することから販売・物流管理の顧客接点の設計は始まります。

　顧客接点では、**顧客が注文し、決済が行なわれ、実際に品物を手にするまでの流れを検討します**。注文・決済・配送の仕方すべてにおいて、顧客接点が存在するからです。

　身近な例では、B2Cの小売店です。注文は、顧客がレジに商品を持ってきたときです。レジではレジ係がレジ打ちをする場合や、顧客がセルフレジでバーコードを読ませる場合もあるでしょう。

　決済は現金だけにするのか、クレジットカードはOKにするのか、電子マネーやデビットカードは、といった具合に選択肢がありますし、百貨店のように店員にお金やカードを渡してレジで決済してもらう方法なども考えられます。配送は持ち帰りか宅配を受けるか、カートを駐車場

までもって行ってよいとするかなどを検討します。

　私の実家がある地方都市では複数のスーパーが競っていますが、わが家がよく行くスーパーは、レジに店員がいるのは他のスーパーと同じですが、現金支払いを自動支払い機で行ない、カートは駐車場までもって行くことができます。前の買い物客の現金支払いでイライラすることもなく、重い荷物をもって車まで歩く必要もないので、とても使い勝手がよいのです。歳をとった両親にも買い物がしやすいため、他のスーパーよりも好評だったりします。

　こうした例は、B2Cに限らずB2Bでも一緒です。たとえば、ある建機（建設機械）レンタル会社が、購入した建機の修理部品が欲しいとします。そのとき、自社の建機の型番を入力するとすぐに部品が検索できる場合と、営業マンに確認して数時間、下手したら数日かかるような場合とどちらの満足度が高いでしょう。

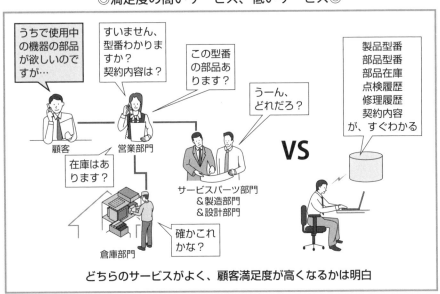

◎満足度の高いサービス、低いサービス◎

どちらのサービスがよく、顧客満足度が高くなるかは明白

　このように、顧客接点をどのように設計するかは重要な販売・物流管理上の設計項目になるのです。詳細は第3章で述べます。

2-3 プロダクトデザインとサプライチェーンデザインを強化する

ビジネスモデルをもとに製品とロジスティクスをデザインする

■ 受託型では"ジリ貧"に陥るリスクが高まっている

多くの企業は、自社のビジネスの定義を「受託型ビジネス」であると認識しています。受託型とは、顧客企業（委託元企業）の委託に基づいて製造したり、サービスを提供したりする業態です。

たとえば、「受託製造」という顧客の製造委託を受けて製造するビジネスがあります。受託型ビジネスは顧客に密着し、顧客の要求に対応しますから、顧客がある時点で手堅いビジネスです。受託型ビジネスを極めれば大きな規模にもなれますし、委託元企業にとってかけがえのない存在になることもできます。

しかし、受託型ビジネスにはリスクもあります。自社の売上や稼働率は委託元企業の発注の増減に影響されますし、場合によっては発注が止まったり、競合他社に顧客を奪われる可能性もあります。自社の製品のサービスを規定しているのが委託元企業の場合、よりコスト・品質・納期が優れた競合企業に乗り替えられる恐れもあります。

つまり、**受託型ビジネスでは、どちらに主導権があるか**ということが重要になります。委託元企業側が製品・サービスの定義や権利を握っていたり、さほど付加価値のない代替可能な製造受託ビジネスだったりすると、簡単にビジネスを失いかねません。

私の知る部品供給業者や原材料供給業者でも、売上や生産数量が委託元企業に左右され、ビジネスが安定しなかったり、時に委託打ち切りが頻発して危機に陥ったりする場面を何度か見ています。

例を挙げましょう。私の過去のクライアントで、顧客の部品の受託製造をしていた企業があります。顧客の工場の海外移転と製品ライフサイ

クルの短縮で客先売上が減少していき、会社が存続できなくなったケースがありました。受託型ビジネスの場合、受託側が主導権を握らないと、ビジネスは"ジリ貧"になりかねません。

■ 自社の製品を定義し、プロダクトマネジメントを実現

受託型ビジネスでも、主導権を握って永続性を確保するにはどうしたらよいのでしょう。まず、そのためには、委託元企業が依存せざるを得ないビジネスを定義することです。

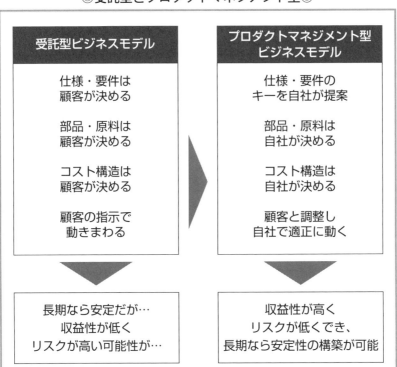

◎受託型とプロダクトマネジメント型◎

その方法の1つは、**自社の製品を競争力がある形に定義し直し、競合企業と差別化し、簡単にスイッチできないようにする**ことです。

たとえば、世界的な規模の香料メーカーがあります。顧客は菓子や飲

料メーカーです。大手の香料メーカーでは、自社の強みとして販売する香料のレシピを定義し、委託元企業に提案を通じて使わせるようにし、大量販売・大量生産を実現して、製造コストも下げているのです。

多様化する菓子や飲料の個別製品ごとに香料を作っていては、少量多品種になり、開発コストも製造コストも高くなります。結果、高い収益性を維持できなくなります。そうしたジリ貧に陥ることを避けるため、コアとなる香料を定義し、バリエーションを少なく制御して少品種・大量販売・大量生産を可能にしているのです。

大手の香料メーカーでは、自社の製品を定義し、顧客依存でむやみに品種が増えないように「**プロダクトマネジメント**」を行なっています。

こうして香料の受託開発による限りないバリエーションの拡大を抑え、逆に製品を絞り、コア技術を決め、大量販売・大量生産によってコストを抑えることで、顧客にも便益を与え、顧客を囲い込んでいるわけです。受託製造とはいえ、受け身でビジネスをしているのではありません。

売っているのがサービスの場合でも、同様に定義次第で競争力の強化ができます。

たとえば、台湾や中国のハイテク製品の受託製造企業群の中には、大規模設備投資を行なうことで製造コストを低下させている企業があります。大規模投資を通じて製造コストの面で優位に立ち、委託元企業に投資をあきらめさせ、製造委託を勝ち取り続けているのです。

こうなると、立場が逆転します。技術革新のスピードが速く、新鋭製造機器の大規模投資を行なう必要がある業界ですが、投資余力が委託元企業にはなくなってきています。逆に、委託元企業が受託先に依存するようになりました。

結果的に、受託企業側にますます製造委託が集まり、稼働率が向上し、かつ、投資した固定費の回収を容易にできる好循環が作り出されたのです。

顧客仕様、顧客の製造指示のみに依存する受託型企業は、簡単にスイッチされ、かつ、顧客の要望ばかり聞くため、自社のコアを失います。

結果的に顧客依存をますます強め、ビジネスの意思決定ができなくなっていきます。

　自社の生き残りをかけた差別化をどのように行なうかは、**サービスをふくむ自社のプロダクトの定義**に依存します。自社のプロダクトを定義し、競争優位を維持し、委託元企業を依存させるようなビジネスモデルを意識的にデザインしていかないと、リスクの高い状況に追い込まれるのです。

■ 最適なサプライチェーンを設計する機能が必要

　「販売拠点」も「生産拠点」もグローバル化しました。世界中がネットワーク化されてモノが行き来する時代になって久しいですが、日本企業に大きく欠けているのが、**グローバルでサプライチェーンを最適設計する機能**です。

　販売拠点の設立から製造拠点の設立まで、海外進出の順序には各社各様の状況があります。通常は小規模な販売拠点を展開し、主に「製造コスト」を判断基準に製造拠点建設が検討されます。もちろん、その製造拠点で供給すべき市場の規模を考慮し、コストを回収できるかどうかの検討は初期に行なわれます。

　こうした検討は、意外と大雑把な想定と分析に基づいて行なわれることもあり、思い込み先行で、拠点配置が決められることさえあります。

　たとえば、販売拠点が作られると、意外にコストがかかるものです。拠点の売上に対する維持費だけでなく、拠点までの製品輸送費と輸送が収益に大きな影響を及ぼします。輸送費がかかればかかるほど、それだけコストが上がります。リードタイムが長ければ在庫を持たねばならないため、在庫が過剰になり、在庫維持コストが必要になります。在庫による資金繰りの悪化リスクも発生します。

　生産拠点となると、さらにコスト構造が複雑になります。生産拠点での運営コストに加え、部品や原材料を調達する物流コストとリードタイムの管理、在庫管理コスト、工場からの出荷に関わる物流コストと輸送リードタイムの影響があります。

　こうした**コスト要因とリスク要因を適切に検討する組織**は、通常の企

業内には存在しません。なぜなら、多くの企業は営業・生産・設計・調達・物流・経理といった組織が機能単位に業務を行なっているだけで、こうした拠点設立のような業務について、組織横断での検討を主導する機能が存在していないのです。

　私がかつて支援した多くの企業は、拠点配置の問題を常に抱えていました。たとえば、ある化学品メーカーではインドネシアに工場を作ったものの、インドネシアから韓国への製品輸出が実現した際、韓国へのリードタイムが問題になって、大量の製品在庫を保持しなければならなくなりました。

　最近では、輸出が増えずに通関コストや通関作業をしなくて済む保税工場の免許が更新されなくなり、さらにリードタイムが伸びるという問題に直面しています。「新興国の工場はコストが安い」と言って、経営者の指示により鳴り物入りで設立されたのですが、今ではお荷物になっています。

　この企業では、販売先市場の分析、輸送コスト、リードタイム等がきちんと分析されず、生産コストが安く、「東南アジアの販売が増えるだろう」という楽観的な想定に基づいて工場が設立されたのでした。

　韓国への供給拠点化することは当初想定されておらず、コストとリスクの検討もされていません。結局、商談が決まったあとに倉庫を借りて在庫しないと、供給できないことがわかったりしたのです。

　この企業に、販売・物流管理として「どこで作って、どう供給するか」を責任をもって検討する機能はありませんでした。販売・物流管理として認識されていないのですから、当然と言えば当然です。問題が起きたあとも、問題解決の受け皿がなく、「問題だ、問題だ」と各所で騒いでいるだけでした。

　私も協力して、この企業にロジスティクスデザイン全体を管理し、検討する組織機能を設置できたのは最近のことです。企業にはコストとリードタイムとリスクを分析し、最適なサプライチェーンを設計する機能が必要なのです。

2-4 部門横断で行なうコンカレントエンジニアリングの導入

製品設計は、生産拠点選択と原材料選択というコスト設計でもある

■ B2Bにおける商談プロセスと設計プロセスの連動

　販売・物流管理として、設計の機能はあまりスコープ（視野）に入ってきません。しかし、自社の製品の定義に関しては営業組織も重要な役割をもっていますから、販売・物流管理は、本来の意味から言えば、「製品定義」に大きく関係しています。

　企業を顧客とするB2Bで重要なことは、**商談プロセスと設計プロセスの融合**です。販売・物流管理として考えるべきことは、商談の過程で顧客や営業が設計部門と打ち合わせをしながら進める製品設計上の部品や原材料の選定、供給業者の選定、そして生産拠点選定です。なぜなら、選定される部品や原材料、製造拠点によってコストが決定され、供給確保の要否が決まるからです。

◎関係部門と行なう設計＝コンカレント（同時・同期化）エンジニアリング◎

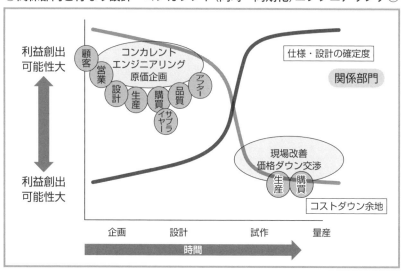

なお、B2Cとして完成品を売っていく企業の場合は、マーケティング機能として「新製品設計」に関わります。

マーケティング機能から始まる製品設計に関しては、多くの書籍があるのでここでは触れません。マーケティングや新製品開発設計の書籍を個別にあたっていただければと思います。

■■ 製品設計は、部品・原材料を選ぶこととセットになる

商談プロセスの典型的な例は、「引き合い」→「仕様検討」→「見積もり」→「内定」→「受注」といったプロセスです。このプロセスの中に、製品のコストと供給性を決める重要な決定タイミングがあります。「仕様検討」と「見積もり」です。

「仕様検討」の過程は、**見込客との仕様の調整のプロセス**です。通常は、見込客が要求仕様を提示し、一方的な仕様提示のときもあれば、すり合わせ型で仕様確定するときもあります。「仕様検討」によって製品の仕様が決まりますが、その際、見込客の言われたままの仕様にするとコストが高くなることがあります。新製品として高機能を求めるからです。

コスト高を抑制するためには、「仕様検討」の過程において"**仕様誘導**"を行なうことが重要です。

仮に、製品は高機能でもより安価な部品や原材料を選択するように誘導したり、より安価な製造方法や供給方法を盛り込んだりして仕様確定にもち込むのです。一方的に仕様提示されても提案という手がありますし、すり合わせ型であればより仕様誘導がしやすくなります。"言いなり設計"ではなく、"仕様誘導"が重要です。

高機能を求めがちな見込客であっても、部品や原材料の指定まではしてこないのであれば、コストを低減する余地がありますし、仮にコスト高の部品・原材料、あるいは製造方法を指定してくるのであれば、無理にコストダウンせず、高コストになる旨を伝えながら、必要に応じて提案して説得すべきなのです。

「仕様検討」に続く「見積もり」プロセスは、**仕様検討時のコストを提示しながら提案・説得するプロセス**となります。「見積もり」段階も

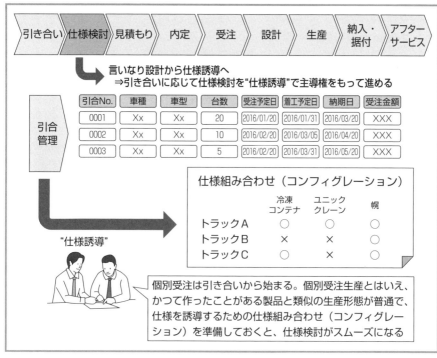

　"言いなり"ではなく、コストを抑制するために提案・説得ができるステージなのです。

　「仕様検討」と「見積もり」プロセスでは、コストだけでなく、「**供給性**」も検討できます。仮に、非常に調達しにくい部品や原材料が指定された場合、供給安定性を考慮して提案・説得もできます。

　コストが適合しても、供給性に問題がある部品・原材料がふくまれる場合、苦労するのは供給業者側であり、結果的に顧客に迷惑をかけます。供給性を考慮して、積極的に提案・見積もりを行なうべきです。

　見込客との商談プロセス管理は、コストと供給性をコントロールし、価格競争力の適正化と供給リスク低減でコンペに勝ちやすくするだけではありません。供給業者としての**自社の利益を確実にし、供給性を担保する重要な活動**なのです。販売・物流管理として、最初にコストが決まるのはこのプロセスで、重要なのです。

■ 生産拠点の選択は、設計プロセスとセットで考える

　生産拠点の選択も重要です。「仕様検討」と「見積もり」プロセスで見込客と生産拠点を決定する場合もあるでしょうし、自社内だけで意思決定できる場合もあるでしょう。

　生産拠点を選ぶことで、「**製造コスト**」と部品・原材料の「**調達コスト**」、生産拠点から販売拠点や顧客までの「**物流コスト**」が決まります。

　調達コストの中には、調達に関わる物流コストがふくまれています。このコストを「**調達物流コスト**」と言い、生産拠点から販売拠点・顧客までの物流コストを「**販売物流コスト**」と言います。生産拠点を決めると、製造原価に追加して物流コストも決まるわけです。たとえば、中国工場での製造とした場合、製造コストだけでなく、中国工場の部品・原材料の調達物流コスト、工場からの販売物流コストも変わります。「製造コスト＋物流コスト」のセットで検討すべきなのです。

　また、生産拠点の選択は**リードタイム**に影響します。たとえば、北米で販売する製品の生産拠点を中国工場とし、輸送を船とした場合、中国から北米までのリードタイムは2か月を見なければなりません。さらに、部品や原材料供給を米国から船便とした場合、米国から中国への輸送を考慮するとさらに2か月となります。往復のリードタイムが長いため、物流費がかかります。リードタイムが長くなるほど、コストや在庫リスクが増えますから、この場合、果たして米国販売製品を中国で生産すべきかどうか、事前にきちんと検証しなければなりません。

　一度生産拠点を決めてしまうと、コストが決まり、リードタイムが決まります。生産拠点の変更は大変ですから、事前の検討と意思決定が重要です。**製品設計上、生産拠点の選択は設計プロセスとセットで、早期の段階から考えておかなければなりません**。曖昧に決めてしまうとコスト競争力を失い、リードタイムが長くなるからです。

　販売・物流管理として、商談プロセスと並行して製品設計プロセスの早期の段階から、コストが最適化し、リードタイムが短く、供給性に問題がないように検討していくことが必要です。

2-5 デカップリングポイントの設定が競争力とリスクをバランスさせる

生産方式の選択が「売る力」とリスク回避に直結する

■■ デカップリングポイントとは何か

　企業は、売上を上げるために顧客への販売のサービスレベルを上げたいと考えます。利便性が高いほうが売れるからです。短いリードタイムで製品を届けるようにしたいと考えます。

　顧客への供給リードタイムを短くするために在庫を配置したものの、あまりにも顧客のそばに大量に在庫を置くことは、売れ残りや劣化が起きるため、非常にリスクが高くなります。

　そのため、すべての在庫を製品化して持つのではなく、半完成品や部品の状態で在庫することで、製品在庫が滞留するリスクを低減させることがあります。

　製品在庫で持つ場合の生産方式を「**見込生産**」、半完成品で持って受注後に製品化する生産方式を「**受注仕様組立生産**」、部品で持って受注後に生産することを「**受注組立生産**」、部品も持たずに受注後に部品調達をして生産することを「**受注生産**」と言います。

　こうした在庫の持ち方を生産方式と連動させて考えることを「**デカップリングポイントの配置**」と言います。デカップリングポイントは、顧客へのサービスレベルを上げ、同時に在庫を最適化することができる販売・物流管理上の大きな改革ポイントになります。

　デカップリングポイントは「受注分界点」という意味ですが、**受注によって製品を確定させて引き当て、出荷を確定するポイント**です。もう少しわかりやすく言うと、**受注が確定し、製品の出荷すべき仕様が確定する点**です。

　仕様が確定するので、デカップリングポイントによって生産方式が決まります。たとえば、製品を在庫している倉庫がデカップリングポイン

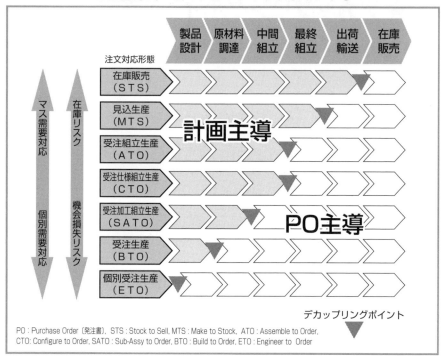

　トだとすると、受注によってすでに仕様が確定している製品を引き当てて出荷していくのが、「見込生産」ということになります。見込生産によって製品仕様は決まっており、見込みで在庫を生産しておき、受注によってすでにでき上がっている製品を出荷します。

　一方、「受注生産」は受注によって仕様が確定し、生産指示がかかるというポイントです。受注がくるまでは出荷すべき製品が決まらず、したがって生産する製品も決まりません。受注後、生産すべき製品が決まり、生産されて出荷されます。

　部品や原材料は、受注後に調達される場合もあれば、事前に調達していることもあります。受注生産に間に合わせるために調達に長期間かかる部品・原材料は在庫されますが、すぐに手に入る部品・原材料は受注後に調達すればいいので無在庫です。

　顧客ごとの個別仕様性が高く、設計をしないと製品仕様が決まらない

場合は「個別受注製品」となり、デカップリングポイントは設計となります。部品や原材料は設計後、調達されます。設計が済むまでは、部品や原材料の在庫は基本的にありません。

中間的なデカップリングポイントをもつのが「受注加工組立生産」です。予測によって中間製品や中間部品を作って在庫しておき、受注で作るべき製品仕様がはっきりしたら、必要な部品を引き当てて製造します。

このように、デカップリングポイントを挟んで製品在庫や部品、原材料在庫を保持します。デカップリングポイントで在庫を保持するまでは、予測や計画に基づいて「プッシュ型」で製造します。デカップリングポイント以降は、受注などの確定情報に基づいて製造、もしくは引き当てて出荷します。需要に基づく「プル型」の業務になります。

デカップリングポイントは、業界や自社の慣習によって固定的に見られがちですが、戦略的に決めることができます。デカップリングポイントの設定によって、**顧客へのサービスレベルを上げたり、在庫のリスクを低減することができる**のです。

たとえば、顧客の要求リードタイムが短い場合には、デカップリングポイントをより下流に設定し、見込生産や在庫販売を行なうように業務を設計します。こうすれば受注して即出荷ができるので、顧客にとっては非常にサービスのレベルが高まります。販売・物流管理として、非常に有利な業務のモデルが作れるわけです。

しかしながら、すべての在庫を見込生産で在庫しておくことは非常にリスクが高まります。逆に、要求リードタイムを長くすることができるのであれば、受注加工組立生産や受注生産にすることで在庫リスクを下げることができます。

この少し長くなったリードタイムを顧客側が許容するならば、あえて製品在庫を持つというリスクを冒して、デカップリングポイントを下流化する必要はありません。デカップリングポイントは上流に押し上げて在庫リスクを低減するほうが、会社にとっては有利なわけです。

つまり、デカップリングポイントを設計するということは、供給のリードタイムの長短といったサービスレベルと在庫リスクを最適化するポ

イントを選び、もっとも効率的な生産調達上の供給と需要に基づく分界点を再設計することなのです。

デカップリングポイントをサプライチェーンのより上流に設定することを「延期化」と言います。逆に、下流に設定することを「投機化」と言います。

「延期化」するほど在庫の評価額は下がっていくので資金繰りのリスクを減らすことができますし、製品化することによる在庫の陳腐化リスクも減らすことができます。

逆に、「投機化」をして下流に配置すればするほど、即出荷することができます。しかしその分、在庫に対して原価や費用が積み上がり、付加価値の高い在庫を持つことになります。この在庫は、陳腐化したときのコストが非常に高く、損失が大きくなるリスクを抱えています。

デカップリングポイントは、会社の意思によって設定することができます。そして、デカップリングポイントの設定によって生産方式が決定されていきます。

■■ 無意識に設定されたデカップリングポイントを前提にしない

通常、デカップリングポイントは一度設定されると変えられないもののように扱われますが、状況の変化にともない見直すことも重要です。競争力とリスク、コストのバランスで、自社にとって最適なデカップリングポイントを設定し、競争力強化とコストダウンを両立することもできるのです。

しかし、デカップリングポイントは、多くの企業では自然発生的に設定された可能性があります。「わが社は昔から受注生産の会社です」などと言う会社は多いものですが、これは、「あるとき、誰かが、会社として受注生産方式を自社のデカップリングポイントとして決めた」ということなのです。

日本企業はデカップリングポイントを意識的に設定したことがないため、たまたまその当時、「受注に基づいて生産をしていたからずっと自社は受注生産だ」というような、自然発生的な、もしくは無意識に設定されたデカップリングポイントを前提としていることが多いのです。

自然発生的で無意識に設定されたデカップリングポイントは、その時代時代に合わせた生産方式を選択したことにともなう設定になっているため、状況が変わると世の中の動きに対応できなくなってくることがよく起きます。

　ある企業が、「わが社は受注生産でどのような需要変動にも対応するように工場を運営している」と言ったとします。以前はそれでよかったのかもしれませんが、現状は少量多品種生産で需要変動が大きく、設備の段取り替えが多く、人員のスキルの制約などもあって、受注生産では立ちいかなくなっている企業は多いものです。

　こうした企業は、納期通りに製品の製造ができないため、欠品したり、納期遅れをしたり、逆に手待ちになって暇になったりを繰り返し、高コスト生産と売り逃しやタイミングのずれた在庫完成で、収益が悪化しているのが常です。

　しかし、「自社は受注生産の企業である」という認識が強固な思い込みになって、本来は見込生産に変えて、効率的に製造すべきところを変えることができなくなっているのです。十年一日のごとく、昔のやり方がそのまま放置されていることがよく見かけられる事例です。

　状況が変わっているにもかかわらず、自社の生産方式、もしくはデカップリングポイントをあたかも変えてはいけないもののように考えている、あるいは変えられると考えていない会社は非常にたくさんあります。

　しかしながら、デカップリングポイントの再設定と生産方式の再選択は、意識的にすることが可能です。実際にいくつかの会社では、デカップリングポイントを変更して会社の競争力をより高めることに成功しています。

■■ デカップリングポイントを戦略的に選択する

　デカップリングポイントは、戦略的に選択することができます。デカップリングポイントを再設計し、業務を作り変えることで、在庫を最適化しながらリードタイムを短縮することができます。同時に、長いリードタイムであっても対応できる生産方式を選択することで、コストを抑制しながらサービスレベルも維持できます。

2-6 サービスレベルを定義し、ロジスティクスを競争力に変える

物流ネットワークに競争優位性をもたせる

■■ 旧態依然の物流ネットワークでは勝てない

「物流ネットワーク」も、販売・物流管理において競争優位の地位を築く重要な要因になります。しかし、多くの企業ではあまり物流ネットワークを見直そうとしていません。古い時代に構築された物流ネットワークをいまだに使い続け、それが当然と思っている企業が大半です。

実際、多くの企業では、大量生産・大量販売の時代に作られた物流ネットワークがそのまま使われています。すでに作れば売れる時代がすぎてしまったにもかかわらず、旧態依然とした物流ネットワークが維持されており、企業競争力を削いでいます。

たとえば、大量輸送の時代に構築された物流では、運行ルートが決まっている路線便というトラック便を使い、工場から問屋や卸業者に対し、大量に製品を輸送するといった、旧来のままであることがよくあります。「あとは問屋や卸にお任せ」という、昔ながらの物流になっているのです。

これでは、現在のような小口・多頻度配送の顧客要求を満たせません。変化に対応していない企業では、いまだに大型トラックで1日1回だけ大量輸送をして、あとは流通業者に任せきりなのです。流通側の状況を考えると、コンビニや量販店が小ロット・多頻度輸送を要求してくるのに、自社の都合で応えようとしなければ、顧客は離れていくでしょう。

また、消耗品や補修部品といったサービスパーツの物流は軽視されたままです。本来はサービスパーツ専用の物流ネットワークを構築すべきだったところ、製品物流と同じ物流ネットワークで業務を処理している企業がたくさんあります。

製品が売れなくなった状況では、サービスパーツを売って儲けなければいけません。しかし、顧客が「すぐにサービスパーツが欲しい」と言

っても製品と同じ物流に乗っているため、「明日にならなければ出荷できません」とか、「1週間後でないと出荷できません」といったような自社都合で対応しています。顧客都合は無視で、これでは、顧客から見放されてしまうでしょう。

製品を差別化するような差異性がなくなりつつある現在では、速く品物を持ってきてくれる相手先から買うという顧客も増えているのです。つまり、競争要因が昔言われたような品質やコストあるいはデザインといった機能的なものではなく、**デリバリーのスピードもしくは物流上の利便性**というサービス要素がものをいうようになりつつあります。

このような状況の中で、旧態依然とした物流ネットワークをそのまま保持していては、顧客から見放され、先に顧客の要望に応じた物流を構築した競合に、大きな差をつけられてしまう状況になってきています。

■ 物流ネットワークを考える：倉庫の層別と配置

物流ネットワークを競争優位に貢献させるために考えるべきことは、**倉庫の層別機能定義と配置**の方針です。倉庫にはそれぞれ役割があり、役割ごとにどのようなサービスを行なっていく倉庫なのか、どのような機能をもつべきなのかということを定義します。層別の定義によって、**顧客に対するサービスレベルを最大化しながら、同時に低コストで運用**できるようにすることが重要になります。

大量生産・大量販売の時代は、大量輸送に適した物流ネットワークが築かれました。たとえば、工場の横に大きな倉庫があれば十分で、工場から直接、問屋や卸業者に製品を送ってしまえば終わりといったビジネスでしたが、これはもう変えなければいけません。

問屋や卸業者もさることながら、その先にいる小売業者が在庫負担に耐え切れなくなってきています。さらに、在庫を保持するコストだけでなく、荷受けや在庫管理、ピッキングといった作業者への支払い負担もできないほど、利益率が下がってきています。

製造業も、「流通業者と組んでどのようなサービスレベルとコストで物流体制を構築すればお互いの利益になるのか」を考えないといけない時代になったのです。そうしないと、製造業は製品を買ってもらえなく

なりますし、流通業者はコストに耐えられなくなります。

　すでに時代遅れになった物流を改め、効率的な物流を構築するためには、倉庫に役割を定め、何段階かの階層をもたせて、効率的にモノを補完し、届ける体制を築く必要があるのです。

　もう、工場から卸や問屋に送る「単階層」、「単線」の単純な物流ネットワークでは対応できません。多階層化して在庫を適正配置し、必要な輸送頻度で倉庫間を連携させていくのです。

◎倉庫を層別し、かつ、在庫を層別して配置する◎

出荷頻度（流速）	即日	翌日	数日
大	デポ倉庫	地区センター倉庫	国内センター倉庫
小	地区センター倉庫	国内センター倉庫	グローバルセンター倉庫

納入許容リードタイム
＆
非在庫品

■■ サービス要件を考えてから制約条件とコストを考える

　倉庫を多階層化するには、倉庫の配置を決めるための要件の検討が必要です。もっとも重要なことは、コストを考える前に「**顧客に対するサービス要件**」を考えることです。つまり、今までコスト優先で考えていた物流とは、逆の考え方から検討します。

　さまざまなサービス要件がありますが、まずは、**顧客が許容できるリードタイムと納入頻度**を考えます。たとえば、顧客がごく短時間での納入を要求してくる場合は、顧客のすぐ近くに倉庫をもたざるを得ません。納入のためのデポ倉庫（顧客へ即納するための倉庫）で、顧客に直接モノを納品するための倉庫が必要となります。

　たとえば、デポは短リードタイムで、多頻度納入をするための倉庫だ

とすると、顧客のそばにそれなりの数を持って配置されますから、デポにすべての在庫を持っていては大変な在庫量になります。そこで、デポは納入のための一時保管と納品のために梱包を行なう拠点とすれば、小規模にします。

そして、今度はデポに製品を補充するための地区センターになる倉庫を設けます。この地区センター倉庫には国内センター倉庫が供給し、さらに上位には各国のセンター倉庫に届けるグローバルセンター倉庫が必要といった具合に多階層の倉庫配置を考えていきます。

上流に行けば行くほど品ぞろえが多くなり、下流に行けば行くほど品ぞろえが少なくなりますが、確実に納品することができる体制を取ることができます。

在庫の配置方針を決める① 在庫の層別配置

倉庫の層別と合わせて、在庫の配置方針を考えます。要件として、リードタイムや出荷の頻度で考えるのがわかりやすいでしょう。

顧客の要求リードタイムが短く、出荷頻度の高いモノはデポに、逆に要求リードタイムが長く、出荷頻度の低いものはより上流のセンター倉庫側に置くといった配置方針です。たとえば、コピー機のトナーや用紙はデポに在庫するが、コピー機のカバーといった即納を要求されない補修部品は、センター倉庫にあればよいといったことです。

実際、品目にはさまざまな特性があるため、要求リードタイムと出荷頻度以外の要件も考慮に入れます。たとえば、出荷頻度が少なくともその品目が即納できないと顧客に多大な影響を及ぼすものは顧客のそばに配置します。重要度またはクリティカリティという要件です。

また、陳腐化が早いモノは下流に置いて即納、逆に陳腐化が遅いモノは上流に配置します。下流に多数配置すると、滞留時に在庫リスクが高まるのです。また、重く運びにくいモノは輸送手配のむずかしさから上流に、といった輸送制約を考慮することもあります。

このように、在庫すべき品目も要件と制約条件で層別し、層別配置を考えます。たいていの場合、たくさんのことを考えると考慮すべき項目が多く判断できなくなるので、多くても2～3個程度の判断基準で考え

◎層別配置時の考慮項目の例◎

- ☐ 出荷頻度（流速）
- ☐ 納期（調達リードタイム）
- ☐ 価格
- ☐ クリティカリティ
- ☐ 保守契約
- ☐ 製品年齢
- ☐ 製品カテゴリー
- ☐ 出荷量（流量）
- ☐ 収益性
- ☐ 大きさ、重量、輸送コスト、保管コスト
- ☐ 鮮度（使用期限）
- ☐ 部品のリビジョン
- ☐ 納入許容リードタイム
- ☐ 在庫困難品／受注生産品

ていきます。

　倉庫の配置を決めて、各階層の倉庫に何を置くのかを決めることを在庫の「**層別配置**」と言います。

　層別配置することで、どこかに必ず在庫がある状態でありながら適正配置を決めることができるので、「身勝手に各倉庫に不要な在庫が大量にある一方で必要な在庫がどこにもない」といった事態を避けられます。在庫の増大を抑え、同時に必要なモノが必要なタイミングに必要な量だけ顧客に届くように配置することができるのです。

■■ 在庫の配置方針を決める②　在庫のライフサイクル配置

　在庫の配置を決める方法として、ライフサイクルのタイミングに応じて置くべき倉庫を変えるという考え方があります。これを在庫の「**ライフサイクル配置**」と言います。

　たとえば、発売開始時のライフサイクルの初期において大量に店舗に並べなければいけない製品の場合は、より下流域の倉庫に大量の在庫を配置するという考え方があります。

　ライフサイクルが終盤に近づき、まもなく終売になるというタイミングでは、デポに大量に在庫があると売れ残りや陳腐化・廃棄のリスクが

生じるので、できるだけセンターに引き上げて在庫量を抑え、必要なモノだけ出荷して最後に在庫が残らないようにコントロールすることが重要になったりします。

　また、修理に使われる補修部品のようなサービスパーツについては、製品が出荷された段階ではまだ故障は少ないので、より上流のセンター倉庫に配置し、突発的に故障が起きたら空輸することで、初期のころから世界中にサービスパーツ在庫を大量に配置するのを避けることも選択肢の1つです。

　製品が使われ始め、ひんぱんに故障が起きるようになったら、今度は顧客の購入してくれた製品の稼働を保証するためにも、より下流域に在庫配置します。出荷頻度も増え、即納が要求されるようになるからです。

　製品そのもののライフエンドが近づいてきたらサービスパーツをまた上流に移動させ、下流域にサービスパーツが各地に滞留することを避けるようにします。

　このようなライフサイクルに応じた在庫の配置方法を「ライフサイクル配置」と言うのです。従来、こうしたきめ細かい倉庫と在庫の層別配置を行なわない企業が多かったため、あちこちに在庫が偏在し、ある所には必要な在庫がない一方で、別の場所には不必要に在庫がたくさん残るといった事態が起きていました。

　企業としての方針がなく現場に丸投げし、作業レベルで在庫配置が行なわれたため、在庫負担が多くなるものの顧客サービスレベルは上がっていかないという状況を放置している企業は多かったのです。

　この状況を変える層別配置という考え方は、多くの企業には競争優位を構築するにあたって重要な施策になってきています。

■■ 層別配置に適合した輸送や作業を考える

　層別配置方針を考えたら、**倉庫間の輸送と顧客への輸送**を定義します。たとえば、顧客への納品が小口・少頻度であれば小型トラックで行なったり、多頻度なら時間通りに輸送できる小回りの効いた輸送体制と対応できる倉庫作業を考えなければなりません。また、デポへの補充頻度や方法、センター倉庫への補充頻度や方法などを決めていきます。

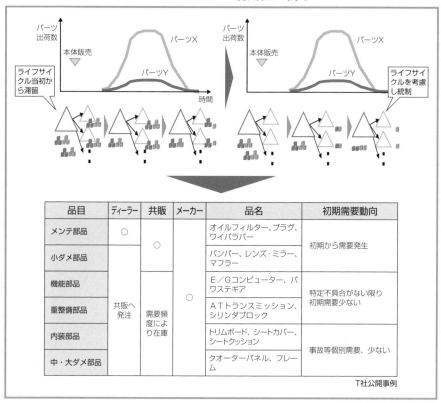

■■ 企業の意思として在庫リストの承認を行なう

　こうして決められた倉庫ごとの在庫配置の品目リストは、企業としてきちんと定義・承認をして各倉庫に配布し、計画担当者や補充担当者に告知します。勝手な品目を在庫させないためです。定義されたストックリストを「オーソライズドストックリスト」と言います。

　オーソライズドストックリストは必須です。企業の意思として何をどこに配置するかということを明確に指示出ししていく必要があるからです。そうでないと、物流部門や倉庫単独の効率化や欠品恐怖によって、何でもかんでも無秩序に在庫されてしまう恐れがあります。私のかつてのクライアント企業の多くから、「なぜ、この在庫がここにあるのかわからない」といったコメントを多く聞いています。

「どこに何を在庫しておくべきか、どのような輸送形態を作るべきか」という、重要な顧客へのサービス要件を物流部門の狭い考え方で決められてしまっては、会社の競争優位とは関係のない形態になる恐れがあります。

企業競争力を強化するためには、**倉庫の層別配置と在庫の層別配置の定義**を販売・物流管理の重要な要件として、責任をもって定義しなければならないわけです。ところが日本企業では、倉庫の層別配置と在庫の層別配置を競争力として定義している会社は多くありません。自社の都合だけでは競争に打ち勝つことができなくなってきている現在、販売・物流管理としての対応が必要です。

倉庫に特別な機能をもたせる

倉庫に特別な機能をもたせることで、より競争力を強化することもできます。在庫を保管せず、方面別に仕分けを行なう通過倉庫としての「**トランスファーセンター**」や、一旦、在庫保持しながら各方面に対して方面別の仕分けと送付を行なう「**ディストリビューションセンター**」、また、製品を少量に小分けにして出す小分け用の「**ピッキングセンター**」もあります。必要に応じて倉庫機能を定義し、付加価値の高い物流拠点として運営する方法もあります。

実際に私が携わった食品業界では、小売業の側に人件費を負担するほどのコスト余裕をもてなくなってきているので、「大量の品目を段ボールにつめて納品するだけ」という旧態依然とした物流をやめ、小分けピッキングを行ない、必要な量だけ必要な場所に多頻度で届けるといったサービスを始めた企業がありました。この企業は、他社に大きな差をつけて、大きく成長していきました。

顧客側のニーズを考えると、大量輸送ではなく小分け・多頻度配送でしたが、自社都合で対応が遅れた競合他社に対し、顧客要求の要件を重視した企業が一人勝ちになったのです。顧客を支援するような物流を築いた企業が、大きく成長する業界が存在します。

販売・物流管理の大きな競争優位の一環として、物流ネットワークを再構築し、自社の企業競争力を大幅にアップすることができるのです。

2-7 販売・物流管理の制約条件の解決方法

無限に手に入るわけではないヒト・モノ・カネの制約条件を解く

■ヒト・モノ・カネは無尽蔵に使えるわけではない

　販売・物流管理において戦略的な施策を打とうとしても、販売や物流の業務を行なうすべての人を自社で用意できるとは限りません。人だけでなく、設備をすべて用意できるのもまれですし、自社で販売する在庫を準備するための資金が不足する場合もあります。企業の用意できるヒト・モノ・カネには、限りがあるからです。

　無尽蔵に手に入るわけではないものの、自社で希望するレベルの業務を遂行したいならば、制約がある中でも実現可能な販売・物流体制を構築しなければなりません。

　このような場合には、自社で行なうべきなのか、それとも別の組織や企業に委託すべきなのかを検討することで、ヒト・モノ・カネに制約があっても競争力のある仕組みを構築することが可能です。

■ヒトの制約条件を解く①　シェアド化とアウトソーシング

　ヒトに関する制約が、企業には常につきまといます。社員がたくさんいて、常時人が余っている場合は別ですが、実際には限られた人員で仕事を遂行しなければなりません。

　こうした状況の中で、限られたヒトを上手に使って競争力を維持するためには、次の2つの方法があります。

　1つは、ヒトを共有する方法で「シェアド化」と言います。シェアド化は、**1人の人を仕事上、共有する**という考え方です。

　たとえば、経理で考えてみましょう。経理の仕事は決算期には忙しいですが、それ以外のときには余裕があります。ある企業で経理の人材を雇っていたとして、忙しい時期に必要な人員数を雇っていると、通常の時期ではヒトが余剰になります。そこで、現行の経理要員で他の会社や

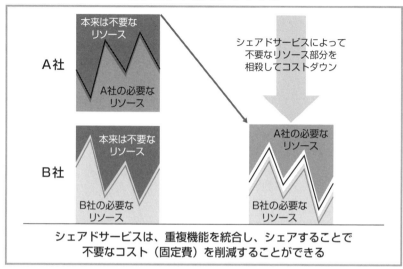

組織の経理事務作業を受託し、暇な時期に仕事をするのです。これで、ヒトを有効に稼働させることができます。

このようにヒトを共有することがシェアド化です。シェアド化によって、暇な時期と忙しい時期を上手に組み合わせて、ヒトの稼働を最大限にすることができるのです。

シェアド化は、販売・物流領域でも行なえます。販売の領域のシェアド化は、主に「受注業務」と「物流業務」の分野です。

受注業務でシェアド化する方法は、「**受注センター**」という考え方です。受注というのは波があるものです。朝は暇で夕方は忙しいとか、月初めは暇で月末は忙しいとか、TV広告を打ったときだけ忙しいといった具合です。また、地域によっても違いが出ます。東京圏はひっきりなしに注文が入るが、中部圏は暇だといった具合です。

こうした繁閑の波や偏在に対し、常に社員を待機させていては効率が悪くなります。先ほどの経理業務と同様に、こうした繁閑の波をうまく利用できるようにヒトを配置することで、作業を平準化して稼働を上げ、効率化します。

分散したヒトを集め、受注を集約して受けることで、上手に繁閑の波

を吸収することもできます。自動車部品を販売するE社では、各地にあった営業所の受注機能を全国統一の受注センターに集めることで、半分の人数で業務が回るようになりました。繁忙期はパート従業員にサポートしてもらうことで、人員を最適化したのです。

　ヒトが効率的に働けて、1人ひとりの稼働率が上がるのであれば、結果的にコストが下がると考えられます。繁閑の差により稼働が下がっている資源（リソース）を有効に活用することで、稼働ロスを稼働に変えていくという考え方です。

　受注センターは、アウトソーシングすることもできます。アウトソーシングによって、外部リソースを活用しながら、コストを最適化することもできます。

　物流業務もシェアド化することができます。たとえば、複数の事業部をもっている企業が、事業部ごとに物流を行なっているとします。この場合、物流部門を統合し、複数事業の物流を集約して請け負う部門を作ることができます。物流統合による物流サービスのシェアド化です。

　物流サービスのシェアド化によって、重複している業務機能や人員を統合して効率化することができるのです。もちろん、物流業務も自社リソースで行なわずに外部に委託することでアウトソーシングすることができます。

　受注業務や物流業務をアウトソーシングすることで自社のリソースを使わずに効率化するというのは一般的に行なわれていますが、その主要な目的はコストダウンにあります。しかし、せっかくアウトソーシングするのであれば、**外部の専門性の高いサービスを利用しない手はありません**。自社では行なえない競争戦略上優位な業務構築が、アウトソーシングによって実現可能になる場合もあります。

　実際に私のクライアントであるF社では、物流アウトソーシングによって世界中の受注に対する24時間対応体制を実現し、かつ、「アジア翌日着荷、北米24時間着荷」という、自社ではできなかったビジネスを構築しました。戦略的にアウトソーシングを活用する方法もあるのです。

　こうして自社でやりたい戦略的な業務に対し、ノウハウ不足・経験不足については、外部調達によって制約のあるヒトに対する対策が打てる

のです。

■ ヒトの制約条件を解く②　ロボティクス・プロセス・オートメーション

　ロボットには大きく２つの種類があります。１つは物理的な存在としてのロボット。これは、工作機械から家庭で使われるロボット掃除機まで、物理的な作業をしてくれるものです。もう１つは、論理的なロボットです。このロボットはシステムの中に内蔵され、一連の処理作業を自動化してくれるもので、処理プロセスの自動化を担います。

　ロボット処理は、最近、金融取引領域で「ロボアドバイザー」と呼ばれる自動売買やポートフォリオ推奨などにも使われています。人間が行なうよりも精緻で、適切なアドバイスができるとの触れ込みです。

　顧客接点だけでなく、業務処理もロボットで行なわせることでプロセスの自動処理が可能になります。たとえば、請求書を作る作業を考えてみましょう。今月の取引をすべて検索し、データベースから抽出します。値引き対象は値引き、大量に購入してくれた際のボリュームディスカウントも計算し、すべての金額を集計したあと、特別値引きを計算して減算します。請求に対し消費税を別建てで計算して、請求書フォーマットに書き出すという一連の作業があります。

　こうした作業は、古くは電卓をたたいていましたし、最近でもヒトが表計算ソフト上で計算するなどしています。基幹システムが導入されていても、抽出・計算・印刷といった処理は１つひとつ人間がプロセスの指示をしなければならず、人手がかかっているのが現状です。

　こうした処理プロセスを自動化してくれるのが、「**ロボティクス・プロセス・オートメーション**」です。効率化とサービス向上を目指し、販売・物流管理領域でもロボットがヒトの制約条件を解いていくことでしょう。

■ モノの制約条件を解く：共同化とアウトソーシング

　ヒトだけでなく、モノ、つまり設備もシェアド化できます。たとえば、トラックや倉庫など、物流に関わる設備をシェアド化する方法です。自社ですべて持つとすると、かなりの資金を必要とします。しかし、外部

倉庫をシェアしたり、共同輸送によりトラックをシェアしたりすることもできます。

　特に、「**共同輸送**」は有効で、競合他社と組む意義もあります。なぜなら、競合他社の納品先が同じであることが普通だからです。たとえば、同じ量販店に納入するなら、トラック便を共同化して一気に運んだほうがトラックの積載効率が上がります。量販店の荷受け作業も一度に済むので歓迎されます。倉庫やトラックといった設備だけではなく、製造ラインや情報システム、その他設備・機械等がシェアされたり、アウトソーシングされたりします。

　販売・物流管理上の**競争的なデザインは自社で描き、必要に応じてシェアドサービス・アウトソーシングを活用する**のは有効です。設備等のモノをシェアド化し、アウトソーシングすることで資金効率もよくなるからです。さらに、戦略的な業務構築も可能になります。すべての設備を自社で用意する必要はなく、シェア化やアウトソーシングすることで、モノの制約を解除していくことができます。

■ 販売・物流管理上のアウトソーシングでの留意点

　販売・物流管理上の効率化、戦略実現のために有効な手段であるアウトソーシングですが、1つ注意しなければならないことがあります。

　受注や物流というのは、直接顧客との接点がある「**コンタクトポイント**」で、販売・物流管理上、もっとも気をつけなければならないという点です。顧客と直接接点があるということは、その接点での対応が非常に重要で、**ここでの接触の経験が、その企業に対する顧客の印象になる**ということです。

　みなさんにも経験があると思いますが、受注センターに電話して不親切な扱いを受けると、その企業の印象が悪くなります。配送を受けたときに乱暴だったり、遅れてきたり、納品物が汚されていたり、果ては荷物が届かなかったりすると非常に印象が悪くなります。

　もし、顧客接点での業務態度や品質が悪いと、企業競争力を削ぐどころの影響ではなくなりますから、相当気をつかわなければなりません。もし、シェア化やアウトソーシングによって印象が悪くなるようであ

れば、自社の社員で行なうほうがよいと思います。きちんとサービスレベルと品質が維持できる体制を築くことが最優先です。

■ カネの制約条件を解く①　預託在庫と従量課金

　シェアド化やアウトソーシングは、販売・物流管理上の業務のデザインによってヒト・モノの制約を解除しているのと同時に、カネの制約も解除することができます。

　また、モノの中で製品在庫や部品在庫といった在庫管理を上手に行なうことで、カネのコントロールもできます。

　受託在庫化（VMI: Vendor Management Inventory）です。これは、日本では「富山の薬売りモデル」と言い、在庫を受託管理するが、使うまでは料金を払わなくてよいというビジネスモデルです。

　企業にとって部品は、生産タイミングにあればいいのですが、事前に買わなければなりませんし、製品を購入して売る場合も、販売のタイミングより前に買わなければなりません。

　しかし、受託在庫化（VMI）は、使用して初めて支払金額を確定するのですから、その間、支払いを先延ばしでき、資金繰りを改善できるのです。これは、販売・物流管理上の在庫管理の取り決めによるカネの最適化になります。

　また、従量課金制によるセンター倉庫の物流費支払いの先送りというのもあります。従量課金制によるセンター倉庫の場合、在庫の保管中は支払いが起きず、出荷した際に出荷の物量、もしくは金額に課金されるというものです。出荷されるまでは課金されないので、支払いが延期されます。たとえば、100万円の出荷があって在庫が運ばれたとすると、出荷された100万円に対し、ある一定の率で金額をかけて物流費を請求するという契約形態です。

　こうした物流上のビジネス条件をパートナーと上手に取り決めることで、カネに関わる制約条件を解除していくことができます。販売・物流を単に「モノを管理して売るだけの機能」として見てしまっては、このような工夫は生まれてきません。

　販売・物流管理として考えることで、競争力を維持しながら、目指す

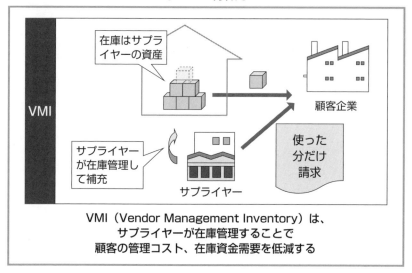

◎VMIの特徴◎

VMI（Vendor Management Inventory）は、サプライヤーが在庫管理することで顧客の管理コスト、在庫資金需要を低減する

べきサービスのコストと資金繰りを最適化し、同時に制約条件を上手に解決するようなビジネスモデルが作れるわけです。販売・物流管理として、こうしたビジネスモデルを考える価値は大きいのです。

■ カネの制約条件を解く②　決済タイミングの設計

　カネの制約の解除の最後に、**決済タイミングの設計の重要性**に触れます。決済タイミングは、**支払条件や回収条件の取り決め**です。

　新規で取引を始めるときには、仕入先に対する支払条件や顧客への回収条件を取り決めます。自社の資金繰りをよくするには、「支払いは遅く、回収は早く」です。取引関係には力関係があって、なかなか思い通りには取り決められませんが、もし、交渉の余地があるなら、できるだけ「支払いは遅く、回収は早く」取り決めるべきです。

　また、一度結んでしまった取引条件を見直すこともできますから、つど交渉し、パートナーである仕入先・顧客がお互いに発展・永続できる関係を構築します。販売・物流管理ではモノに関する考え方や売り・買いの業務にばかり目がいきがちですが、決済という資金移動に関わる業務も視野に入れて考えていくべきです。

2-8 テクノロジーが開く販売・物流管理の新たな地平

IoTやドローン、先を行くには最新テクノロジーをフル活用すべし

■「ラストワンマイル」をめぐる競争

　販売と密接につながっているのが、消費者に商品を届ける「物流」です。前述の通り、この最後の物流が、「ラストワンマイル」と呼ばれています。

　B2Bの業界では、企業間の物流体制が構築されています。しかし、B2Cの業界では、消費者に商品を届ける物流はきちんと構築されておらず、ケースバイケースの状態です。

　たとえば、「自分で持って帰る」「宅配便に配送を委託する」「販売員が持ってきてくれる」「郵送される」といった形は店側が決めており、柔軟性がないことがあります。

　重い荷物は女性や歳をとっている方にはつらいですし、車がない人が大量の荷物を持って帰るのも大変です。もし、自分で持って帰る手段しかないとすると、店に出向いて買う気も失せます。また、宅配が選べたとしても、購入のつど、住所や電話番号を書いたり、配送時間を決めたり、伝票を書いて配送費用を別に払って宅配を頼むというのも面倒です。

　この小売・店舗から最終消費者へ商品を届ける最後の部分は、なかなか効率化されません。そして現在、この最終顧客までの配送を「ラストワンマイル」と名づけ、陣取り合戦が始まっています。

　では、なぜ「ラストワンマイル」の取り合いが起きているのでしょうか。実は、この**最後の物流が付加価値をもっている**からです。

　成熟社会になってモノ余りですし、かつ、ハイテク品は即、競合品が出て商品の差別化が難しくなりました。そこで、消費者は商品に付加価値を感じるよりも、配送といったところに付加価値を感じるようになってきたのです。

より速くて正確で、安い配送をしてくれれば、そのサービスを提供してくれる場所（リアル店舗やネット店舗）で買ってくれるようになります。

具体的に見てみましょう。ある期間、アマゾンでは1500円以上の本を買うと、送料を無料にしていました。他のネット書店は必ず配送料を別途取っていたり、コンビニで受け取れば無料といったサービスだったりするなど、コストやサービスで負けていたのです。

それで、多くの消費者がアマゾンで買うようになったのです。同じ本を買うなら、無料で家まで届けてもらうほうがいいに決まっています。

今、改めてネット小売り・物流業者が入り混じって、このラストワンマイルの取り合いが始まっています。

■■ ネットが開く販売・物流管理の新たな競争領域

このラストワンマイルを押さえれば、買い物を占有することができます。そのうえ、ラストワンマイルに「決済システム」までくっつくと、もう鬼に金棒です。「買って、払って、届けてもらう」ことがワンストップでできるのですから、こんなに便利なことはありません。

ラストワンマイルはネットとの相性がよく、ネット経由で商品探索・購入・決済・輸送指示が完結すれば、利便性が飛躍的に上がります。すでに多くの消費者が、ネット経由で商品購入をしています。アマゾンの「アマゾンプライム」、楽天の「楽びん」は、ラストワンマイルを取り合うサービスです。

米国では「オムニチャンネル」、または「オムニビジネス」というジャンルが盛んです。オムニチャンネルは、あらゆる顧客接点を統合していくというコンセプトの小売りの方法論で、ネットとリアルの融合を目指します。ネットで買い物し、オムニチャンネルによって配送が委託先を通じて行なわれます。

日本では通販ビジネスが似たビジネスモデルですが、オムニチャンネルの場合は、在庫を持たずにネット経由の受注をメーカーにつないで、メーカーから直送するモデルが主流となっています。

このように、商品探索から始まるすべての取引をワンストップで行ない、最後の配送物流も囲い込むビジネスはネットとの親和性が高く、ネットを通じてさらにスピード競争とサービス競争が展開されています。

ドローンを物流に使うインパクト

　前述の通り、アマゾンの物流は日本市場では物流業者に委託されていますが、米国ではより配送を効率化するために、「ドローン輸送」を検討し始めています。ドローンは空中を移動するため、道路やトラックという物理的な制約や、ドライバーという人的制約を受けずに配送できるため、非常に効率的な物流体制を構築できる可能性があります。

　もちろん、まだ技術的には発展途上ですし、事故やトラブル時の対応方法、保険・保障の問題、悪天候時の輸送品質、バッテリーのもちなど解決すべき課題は多いものの、可能性のある物流手段です。

　たとえば、ドローンであれば、道がなくとも谷を越えたり、湖や川を越えたりできるため、輸送効率が各段に上がります。また、地図情報と位置情報があれば、今後のAI（人工知能）の進展によって完全自動輸送が可能になり、ドライバー不足への対応も可能になるでしょう。

　また、ドローンであれば、トラックという重量物で運ぶことでかかっていた燃料費、CO_2の発生が抑制でき、輸送エネルギーやCO_2の低減にも貢献できる可能性があります。

　ドローン輸送が実現すると、ラストワンマイルの物流形態が大きく変わっていくことになるでしょう。

IoTが開く販売・物流管理の新たな地平

　モノに関わる情報がデータ化され、インターネット上で蓄積され、活用されることを「IoT（Internet of the Things:モノのインターネット化)」と言います。

　あらゆる場所や機械にセンサーが搭載され、データが収集され、蓄積・解析が行なわれる世界がすぐそこまできています。自動車や家にもセンサーが搭載され、データがネット化されたときに、まさにかつて描いたSF的な未来が訪れるでしょう。

そうした将来の話だけでなく、意外と身近なところでIoTの萌芽は見られています。
　たとえば、コピー機やプリンターがネットにつながり、それらの故障情報や消耗品の補充要求が、ネット経由でメーカーに伝送されるようになっています。これは、センサーや機器が情報を生成し、ネット経由でビジネスに関わる指示情報、あるいは発注情報を発信しているのです。
　この仕組みは、購入した機器によって機器の稼働や在庫情報、補充発注情報をIoT化し、発注そのものを囲い込んでいます。つまり、すでにIoTによってビジネスが展開され始めているということです。
　同様の事例は、どんどん出てきています。エレベーターの監視と補修指示、補修用部品の発注、重機の稼働監視と稼働情報による付加価値サービスの提供などが実用化されています。

　IoTの進展により、在庫管理や故障監視ができるようになれば、補充発注や故障修理の指示がすべてネットに囲い込まれる状況になるでしょう。機器の購入者側は、在庫管理や修理発注をしなくて済むため、仕事が効率的になり、便利になります。また、事前に補充をしてくれたり、迅速に故障手配・修理をしてくれることにより機器を使い続けることができるため、ユーザーは非常に助かるわけです。
　IoTによってモノを買うという行為が囲い込まれ、在庫管理や補充発注、故障確認と修理指示という仕事が効率化されることは、大きな利点です。そして、この仕組みは構築した側にとっては、販売・物流形態をIoTによってデザインしたことになります。
　IoTは、単なるインテリジェントなシステムというだけでなく、販売・物流管理上の競争力を仕立て上げるための強力な道具になり得るのです。

2-9 ロジスティクスデザインとコストの積算

拠点間物流のコストも見逃せない

■ ロジスティクスデザインをコストの積算で把握する

　販売・物流管理において、コスト構造をきちんと把握し、常時コストダウンを心がけるのは当然のことです。しかし、案外こうしたことができていない企業が多いのです。

　主な原因は、そもそも販売・物流管理におけるコスト構造の定義・測定がされておらず、「いったいどこに、どれくらいコストがかかっているのか」が不明瞭なのです。また、もしコストが見えてもその金額が妥当なのかどうかもわからないし、手が打てる体制にもなっていないのです。

　イメージしやすい例で言えば、製品ごと、顧客ごとに利益が出ているのかどうか、把握できていないことでしょう。

　ある顧客向けの売上と粗利が計算できて儲かっていると思ったら、実は物流費を無料にして自社で負担していて赤字ということもあります。物流費が販売費・一般管理費（販管費）に合計で計上され、顧客ごとに把握できる仕組みになっていないため、どれだけ特定顧客にお金がかかっているのかがわからないということがあります。

　また、値引きとして一括値引きが使われているとしましょう。こうなると、製品ごとに売価が下がっているのか、単なる値引きによる売上減なのかが把握できず、とりあえず合算の金額だけ見るのが精一杯で、個別製品ごとの価格戦略に活用できないという状態もあります。

　製品のライフサイクルが短くなり、ライフエンドの到来が通常より早くなりました。売れなくなりそうなのに、ライフエンドで売価が落ちているという状況把握が遅れ、対応できずにたたき売りでも売れない在庫を抱えてしまうという事態もあり得ます。

売上と売上を左右する値引き、リベート、売上にともなう付帯費用の把握や、顧客・製品ごとといった分析をし、アクションを行なうために必要な構造で把握できないため、気づきが遅れ、対応を誤ることが起きるのです。

把握が必要なコスト構造をきちんと定義し、その構造に沿った"見える化"を行なっておかないといけません。

■■ 営業と製造が分かれていると、コスト判断を誤る可能性も

営業と製造が別会社であったり、生産管理と販売・物流管理が分断されて管理されていたりすると、意思決定に必要なコスト情報の把握を誤る可能性もあります。

たとえば、製品在庫削減と在庫削減による製品原価への原価インパクトがうまく把握できないと、判断を誤ります。営業は資金繰りを考え、製品在庫を減らすとします。

しかし、工場はすでに用意した人件費や経費の振り先（配賦先）がなくなり、結局、他の製品の製造原価に振り替えられ、思ったほど在庫金額が下がらない、もしくは製造ロスが発生し、工場収益を悪化させるという事態が起きることがあります。急な減産では、減らすことができない固定費があるので、営業にとってよい対策が工場にとってはよくないということがあるのです。

しかも、組織が分かれ、それぞれの組織で業績評価を行なっていると利害対立が起きて、たとえば、営業は「工場原価が高い」と文句を言い、工場は「営業の減産のせいで原価が上がる」と言い、けんかが常態化するのです。

他社から商品を仕入れているだけならこのような例はあてはまりませんが、自社に営業と製造を抱えている場合は、製造・販売連結でコスト構造を把握して意思決定をしないと、ある組織によかれと思った意思決定が、全体の利益を悪化させるリスクもあるのです。

製販連携したコスト構造の把握と"見える化"が必要です。

■■ グローバルでのロジスティクスコストの把握の必要性

　上記の営業と製造のコスト構造把握の分断が、国境をまたいで起きていると事態はより深刻です。

　たとえば、工場が海外にある場合、法人化されている工場は工場単位で収益管理を行ないます。工場の原価低減と利益追求を行なうのは当然ですが、工場を出たあとの物流関連費用が把握されず、管理対象外になるケースがあります。

　「製造原価が安いから」と工場を建設したものの、物流費関連費としての輸送費・関税・荷役費・保険を合算するとコスト高になり、製造原価の安さを帳消しにしかねない事態も起こり得ます。

　また、通関に時間がかかったり、船便が少なかったりして輸送リードタイムが極端に伸びてしまい、在庫管理に悪影響を及ぼしたり、欠品するリスクが高まるケースもあります。結局、必要なタイミングで必要なモノが届かないので、空輸する事態が頻発し、トータルコストを押し上げてしまうこともあります。

　国際物流がからむのであれば、**グローバルでのロジスティクスコストを可視化し、工場建設時から測定・分析対象にしなければなりません**。また、工場建設後もグローバルでのロジスティクスコストを把握し、低減・改善したり、単価交渉や入札したりする機能が必要です。

■■ 工場の調達物流コストの把握の必要性

　上記の例は、工場から販社への輸送に関わるロジスティクスコストの話です。工場という、会社組織にとっての販売・物流管理にあたります。

　一方、工場は数多くの仕入れ業者から部品や原材料を仕入れています。こうした仕入に関わる物流を「**調達物流**」と言います。

　実は、調達物流のコスト把握は大変遅れているのです。上記トータルコストにおける販売物流費率は、平均的に言って売上高の４～６％くらいにはなり、把握の努力が行なわれています。測定可能なので、常にコストダウン対象です。

　しかし、調達に関わる物流費は**部品費や原材料費に合算されてしまい**、

個別に把握がされず、管理対象外になっていることがほとんどです。調達物流のコストは、言われなければ仕入業者は明らかにしません。

一方、調達する側も仕入れる品目の裸の原価と物流費を分離して見積もりを取ったりしません。コストを分解して把握していないことが多いので、"だんご"になっているのです。

調達物流費を明らかにすることで、単純に「安くしろ」と買い叩くという低レベルのコストダウン要求をするのではなく、仕入業者と共同して物流デザインを行ない、お互いにメリットのあるコストダウンをすることも可能です。このときの改善の利益をお互いにシェアするのです。そのためにも、調達物流のコスト構造は細分化して把握しないといけません。

調達物流の改革余地はたくさん残されています。販売・物流管理としては対象外のように思うかもしれませんが、すべてのコストが原価に積算され、売価と粗利・営業利益に影響するのですから、「それは工場の勝手」と目をつぶらず、製販連結の視点をもっておきたいものです。

■■ 製品設計と連動するロジスティクスコスト

このような製造と営業をまたいだ製販連携のコスト構造とリードタイムなどの輸送のサービスレベル、リスクを最初に決定するのは「**製品設計**」です。製品設計上、どの拠点で製品を作るかということを考える際、設計行為と並んで「**原価企画**」という原価を決定する業務が行なわれます。

原価を検討する際、工場の製造原価にばかり焦点が当たりすぎてしまい、物流費への配慮が希薄になるケースが多く見られます。あるいは、人件費などは目につきやすいので、「人件費が安いから」と製造拠点を決めてから物流の検討に入ってしまい、後手になって手が打てないというケースも多く見ます。

以前はすべての製造が1つの工場で行なわれ、製造拠点と販売拠点も一国のなかに収まっていたため、工場間物流や工場と販社間の物流は重視されてきませんでした。

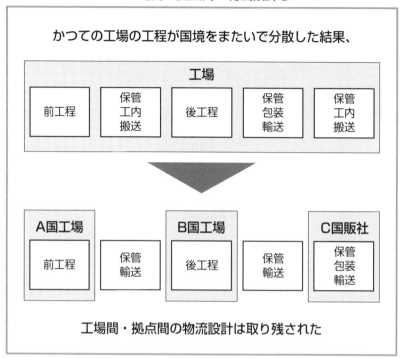

　しかし、工場が世界中に分散し、国境をまたいでしまったため、輸送費・税金・保険・荷役といった費用が大きな影響を及ぼすようになりました。また、輸送に関わるサービスや品質にも目を向けないと、タイムリーな輸送や高品質な輸送が困難になったのです。

　製造拠点建設や製造拠点選択において、製造原価だけでなく、拠点間物流に関わるコスト把握と意思決定の仕組みをもつことが必須になっています。

2-10 競争力を強化する アウトソーシングの選択

フルアウトソーシング、BPOで他社に差をつける

■ アウトソーシングすべき領域の特定

　販売・物流を自社の強みとしたいのであれば、ある業務機能領域をその領域を得意とする企業にアウトソーシングする手もあります。すべてを自社で行なう必要はありませんし、そもそも自社で行なっていては、競争力にならない場合も多くあるはずです。

　たとえば前述の通り、アマゾンの日本法人は物流業務をすべてアウトソーシングしています。自社で行なうよりも優れた物流業者がいたからでしょう。また、日本で一から物流の仕組みを構築していてはコストと時間がもったいないので、アウトソーシングを選択したものと想定します。

　一方、楽天の中でも楽天ブックスの配送はアウトソーシングですが、倉庫は楽天スーパーロジスティクスという自社グループでの運営です。楽天は物流子会社を作り、物流サービスを提供しているのです。

　世界最大の小売業を目指すアマゾンは、物流をアウトソーシングで委託するビジネスモデルを選び、モールを運営する楽天は、配送はアウトソーシングする一方、倉庫を中心とした業務を自社グループで行なうことで競争力をアップするというビジネスモデルを選んだのです。

　このように選んだビジネスモデルと、どこを自社の強みとして重視し、どこをアウトソーシングするかの選択は、戦略上、重要なことになります。

■ アウトソーシングの類型

　アウトソーシングの類型もいろいろあります。アウトソーシングの意味は、「外部からのリソースの調達（ソーシング）」です。

人を外から調達して作業だけを外注する「**作業外注**」、作業に関わる施設・設備は自社もちで１つの作業工程だけをアウトソーシングする「**工程外注**」、業務の一部を一括でアウトソーシングする「**フルアウトソーシング**」、業務機能そのものを売却してその売却先にアウトソーシングする「**ビジネスプロセスアウトソーシング（BPO）**」といったものがあります。

こうしたアウトソーシングは、外注する業務範囲の規模で影響範囲が変わります。作業外注や工程外注は単なる「作業委託」で、競争力というよりもコストダウンや一時的な負荷対応が目的となり、競争力へ貢献するものではありません。

しかし、フルアウトソーシングやBPOは、**継続的なコスト構造とサービスレベルへの影響**があるため、戦略的に行なうべきアウトソーシングになります。

販売・物流管理としてビジネスモデルを視野に行なうアウトソーシングは、フルアウトソーシングかBPOです。

■ 販売のアウトソーシングの機能例と留意点

販売のアウトソーシングとして考えられるアウトソーシング機能を列挙してみましょう。マーケティング、セールス、製品説明、受注、請求、問い合わせ対応、クレーム対応、アフターサービス対応、製品使用に関わる教育、キャンペーン企画・対応など、販売に関わるほとんどの活動がアウトソーシングできます。

このうち、「どの機能を自社が行なうべきで、どの機能をアウトソーシングすべきか」を判断しなければなりません。自社にとって競争力の強化に役立つのであれば、どのような機能でもアウトソーシングできると言えるでしょう。もちろん、機能をすべてアウトソーシングする必要もありません。

たとえば、かつてコピー機を製造していたメーカーで、自社だけでは営業マンのリソースが足りないので、セールスをアウトソーシングして

いた企業もありました。すべての人員をアウトソーシングでまかなうのではなく、自社社員と組み合わせて行なうことも1つの選択です。

ただし、販売に関しては、顧客接点上の留意点があります。前述の通り、販売という行為は顧客と直接コンタクトを取る可能性が高いので、自社のブランドイメージや顧客満足を毀損する恐れがあり、注意が必要です。

かつて、問い合わせ対応機能をアウトソーシングして、あまりのサービスの悪さにブランドイメージを毀損した企業がありました。単なるコストダウンやリソース不足の補填と考えず、自社のイメージや顧客満足上、問題がないように考慮する必要があります。

■■ 物流のアウトソーシングの機能例と留意点

物流のアウトソーシングは、古くから行なわれてきました。倉庫管理に関わる荷受け、検品、検針、出庫、値札貼り、取り揃え、梱包、配送、伝票回収、梱包材回収、返品回収、廃棄物回収などです。倉庫で加工したり、パック詰めしたりという「流通加工」という業務もあります。

倉庫内の業務は、比較的コストダウンやリソースの補填的な意味合いが強いですが、輸送はサービスレベルに直結するので、十分にアウトソーシング先を吟味しなければなりません。

たとえば、世界中に短時間に荷物を運びたい場合、「本当にそういうことができる業者なのかどうか」を見極めなければなりません。

私も何社もコンペを行ないましたが、物流のサービスレベルが競争力に直結する分野もあるので、選択を誤ると散々な目にあいます。選定をコンペで行なう場合は、印象で決めずに、きちんと実現してほしいサービスレベルを定義して、厳しく選定しましょう。

■■ サービスレベルアグリーメントは必ず結ぶこと

アウトソーシングを決断したら、提供されるサービスレベルを合意し、監視するために「サービスレベルアグリーメント（SLA）」を締結します。

SLAは提供されるべきサービスのレベルを設定するもので、品質レベ

ルや異常時の復旧時間、サービス提供時間などを定義し、守られているかの報告と、守られない場合の改善策をアウトソーサーから提供させるための契約にあたります。

　アウトソーシング開始までに、必ずSLAを結びます。そうしないと、サービスレベルが曖昧になり、ムダなトラブルになりますし、改善もできなくなります。アウトソーシングは契約ですから、SLAは必須です。

■ アウトソーシングをやめ、インソースする手もある

　アウトソーシングによって不都合が生じ、自社社員で行なったほうがよいと判断した場合、アウトソーシングした業務を自社に引き取る必要があります。これを「**インソース化**」と言います。インソースは、一度外部化した業務を自社に戻すので、意外と骨が折れます。ノウハウが喪失していることもしばしばです。

　しかし、自社の競争力維持のためには自社リソースに戻す場合も起き得ます。そのときは覚悟をもって行ないます。

　私の知る会社でも、物流を再度自社で行なうようにした会社があります。自社が属する業界で競争力を強化するためには、物流がカギになると判断したからです。この会社は今、競合の4倍の売上に達しています。インソースによって他社に差をつけた実例です。

2-11 決済という"カネの流れ"も取り込む

顧客の利便性を考え、決済を効果的にデザインした者が競争を制す

■■ 販売・物流管理は決済までがスコープ

　販売・物流管理は、モノだけでは完結しません。決済が最後の重要な機能になります。

　決済に関わる機能には、決済そのものと債権・債務管理、回収という機能があります。製造業の場合は、債権・債務管理と回収は自社で行なうことが普通です。請求や債権・債務管理が営業部門や購買部門で行なわれるか、経理部門で行なわれるかは企業の選択によります。

　一方、小売業などの場合、決済が外部委託されるケースもあります。現金商売でなければ、クレジットカード決済、ペイパルやアマゾンペイメントといったネット決済、代引のような配送業者に決済を委託する場合、振込みをさせる場合など、さまざまな選択肢が登場しています。

　顧客の利便性を考えると、より便利な決済システムを選択するべきでしょう。顧客コンタクトポイントとして、決済は売買の最後のクロージングポイントとなり、ある意味競争力に影響する場合があるのです。

　ネットで買い物をすると、決済がカードで簡単にできる場合といまだに銀行振込みを要求してくる場合があります。よほど特別な商品であるとか、そのサイトを通じてでないと手に入らないモノでない限り、面倒な手続きがいやになって、買うのをやめてしまうことがあります。

　同じようなモノを同じような値段で買えるなら、より簡単に買えるほうを選ぶのは人の性でしょう。決済システムは、簡単なほうが顧客に選ばれるのです。

■■ 決済領域まで巻き込んだ競争の激化

　決済システムは、**競争力の源泉**となりつつあります。現在、ネットでは決済システムを誰が握るかの競争になっています。

決済システムは顧客囲い込みの道具にもなり、便利であるほど使われます。決済時にポイントをつけることも競争になっています。どうせ買い物をするならポイントがついて、それを使ってさらに買い物ができたほうがうれしいものです。航空業界のカードとマイルの組み合わせも、決済と合わせてマイルをベースにした囲い込みなのです。
　また、決済情報は個人情報やマーケティング情報の宝庫でもあります。今後、ビッグデータ解析が一般化すれば、データソースをもっている企業が強者になります。アマゾンが決済システムを握ろうとするのは当然ですし、アップルも決済システムを握るべく、アップルペイをリリースしてきました。楽天が楽天カードや銀行を作ったのも、決済システムがカギになると考えているからです。ラインペイも同じ動きですし、ソフトバンクがやや出遅れてしまいましたが、現在、必死でモールを作ったり、決済システムを構築したりしています。

■テクノロジーのインパクトとフィンテックとの連携

　ネットに関わるテクノロジーの進歩は、スピードを上げて世の中の仕組みを大きく変えつつあります。スマートフォンでの決済が普通にできるようになっていくでしょうし、銀行取引もおそらくスマートフォン内で完結していくでしょう。
　「フィンテック」という名で、金融とテクノロジーの融合の大変革がこれから始まります。フィンテックにはさまざまな分野が考えられますが、販売・物流管理としては、決済の利便性向上に関わる重要なカギになります。
　受注や製品告知、マーケティングの入り口としてのスマートフォンやネットも重要ですが、売買の入り口だけでなく、出口となる決済システムは、関所のような役割を果たしていきます。避けては通れませんから、ここを逃げなければ競争力強化への道具にもなります。
　製造業であっても「作って売って終わり」ではなく、また、小売業でも「仕入れて売って終わり」ではなく、販売・物流管理上の顧客コンタクトポイントの最後の重要な点として、決済システムまで考慮に入れてビジネスモデルを構築しなければなりません。

Column
自然発生的なロジスティクスネットワークを改革せよ

　吉村昭の小説に『零式戦闘機』というものがあります。私はこの本を読んで衝撃を受けたシーンがあります。戦時中、名古屋で作られたゼロ戦を各務原飛行場に運ぶのに、終戦まで牛車を使っていたという話です。

　道路は舗装もされず、民家の間を縫って、24時間かかったそうです。終戦間近は増産につぐ増産ですぐにでも戦闘機が欲しいところ、物流は牛車だったのです。結局、終戦まで牛車輸送は改められず終わりました。さまざまな事情があって牛車輸送になったと思いますが、合目的的かつ合理的に考えれば、違う輸送手段に変える手もあったと思います。工場は24時間稼働の大増産なのに輸送はのんびりでした。

　戦時中に限らず、事情が変わったのなら状況に適した物流形態を主体的に選択し、再構築すべきです。しかし、いまだに過去の場当たり的に作り上げられた物流をそのままにし、競争力を毀損するロジスティクスネットワークに依存し続ける会社がたくさんあります。

　私は、21世紀になっても戦後に構築された販売拠点・物流拠点・配送ネットワークがそのままの会社にたくさん出会ってきました。拠点が県ごとにあり、県境をまたいで隣県から輸送したほうが早く、コストも安い地域であっても、所属する県のセンターからの輸送しか許されないなどといった時代錯誤な事態が残っている企業もありました。

　日本中、1日で配送できるのに、地方の営業所に大量の在庫があり、「なぜ、ここに在庫があるのか？　必要か？」と問うと、「昔からそうだったのです」という答えが返ってきた企業もありました。

　道路事情といった物流インフラも整備され、物流アウトソーサーも高度化し、ネット環境もそろって情報連携がこれだけ高度になった時代に、戦後から自然発生的に作られたロジスティクスネットワークで競争は維持できるのでしょうか。コストは、サービスレベルは大丈夫でしょうか。顧客は満足するのでしょうか。

　自然発生的なロジスティクスネットワークは、変更不可な制約ではないのです。自社の競争力を高めるため、再検討してみましょう。

第**3**章

顧客コンタクトポイントを
付加価値化する

3-1 B2B・B2Cが顧客コンタクトポイントの特性を分ける

B2BとB2Cでは、顧客のコンタクトポイントでの対応策が変わる

■ B2B・B2Cとは何か

　企業の特性を定義する考え方はたくさんあり、それぞれの場面で適切な切り口で見ていくと、理解しやすいことがあります。販売・物流管理では、大きめの切り口として**B2B・B2C**を使いたいと思います。

　B2Bは、Business to Businessの略です。B2Bは**企業の顧客が企業という意味で、法人間で取引を行なっている業態**です。B2Cは、Business to Consumerの略で、企業の顧客が個人である消費者という意味です。

　B2Bに属する企業は、製造業で言えば「部品や素材を製造する企業」です。顧客は、同じ**製造業**となることが多いでしょう。また、部品ではなく完成品の形で製造している企業の顧客が企業であるケースも多くあります。

　たとえば、建設機械をゼネコンやリース企業に売る、トラックを物流企業に売る、医療機器を病院に売る、事務機器を企業に売る、精密機器を商社に売るといった多種多様な形態があります。

　B2Cに属する企業は、「消費者に直接販売する企業」です。**コンビニ・量販店・ネット店舗・アパレル**などに代表される専門店などです。

　製造業の立場で言えば、**流通を行なう企業を通じて消費者に製品を届ける業態**があります。これを複合的に「**B2B2C**」と言ったりします。

　B2B2Cの業態は、**家電や食品などの流通を通して購入できる製品を製造し、量販店などの流通で販売している形式**です。

　B2B2CのB2B部分は、最終消費者向けの製品を流通業者に販売し、B2C部分を流通業者が担って最終消費者に売る形態です。B2B企業が設備などの生産財や部品・原材料を作って売るのと違い、最終消費財としての特徴があらわれます。

◎B2B・B2C・B2B2Cの違い◎

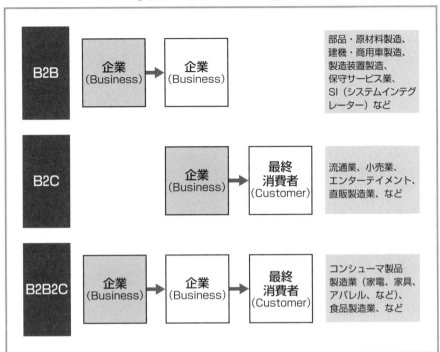

■■ 顧客コンタクトポイントを基軸に考える

　本書ではB2BとB2Cを区分し、それぞれの顧客コンタクトポイント（顧客接点）を識別して重視します。B2B2Cも、B2BやB2Cを混合したような特徴があるので、識別して論じます。

　本書は販売・物流管理がテーマですから、販売の主体となる企業の販売・物流管理を論じることを主眼とし、B2BのB企業、B2B2CのB企業、B2CのB企業と大まかに分類します。この定義にしたがって考えれば、それぞれ以下のような特性があります。

①B2BのB企業

　B2Bでは、**長期的なビジネスの継続**が前提になります。顧客との長期的な関係を維持し、継続的な取引を行なうことが普通です。

　部品や原料を提供する企業の場合は、顧客の新製品開発から連携し、

生産終了、さらに販売後のアフターサービスまでつき合うことがあります。長い関係性の中で、販売・物流管理に関わる業務を構築します。

　B2Bでは、新製品設計段階では企画があり、商談があり、設計が連動します。量産段階では顧客が購入予定や内示を出したり、在庫情報を開示してくれることもありますが、古い業界になると、予定や内示の提示なしで在庫準備や短納期生産要求をしてくる業界もあります。

　たとえば、生産設備などの大型製品の分野では予定や内示があり、設計を行なうことがある一方で、重機やトラックなどの製品の業界では予定や内示がなく、とつぜん注文がくる場合もあります。

　この分類には、主に部品・原料を作っている企業が入ります。自動車部品・電子部品・鉄・非鉄・金属を製造する企業、化学薬品や食品原料を作る企業、包装材や副資材を作る企業などです。

　また、生産に使う機材などを作る企業や、トラックや重機、製造装置や工作機械や搬送機などの製品を作って顧客企業に納入している企業も入ります。

　B2B企業の販売・物流管理構築のポイントは、次項から記述します。

②B2B2CのB企業

　この分類には、消費財メーカーで直販を行なっていない企業が入ります。たとえば、飲料や菓子メーカーが典型で、小売業や問屋・卸売業といった流通業に製品を売ります。家電メーカーに属する企業もあてはまります。量販店に製品を納め、量販店が売るからです。

　競争力のある販売・物流管理を構築するためには、B2B2CのB企業にとって、**顧客であるB企業との業務連携が重要**になります。顧客側の販売状況や在庫情報が把握でき、かつ、内示や顧客の仕入計画が把握できると、安定供給・計画的対応が可能になります。しかし、そうでないと自社で在庫リスクを負って在庫をするか、急な増産・減産対応を強いられ、製造コストが上がることになります。

　B2B2CのB2B間での業務連携・情報連携・リスク配分がカギになりま

すが、顧客企業側も厳しい競争環境にさらされているため、仕入先にあたる企業とのパートナーシップを重要視しない企業も多くあります。

こうなると、お互いに利益とリスクをシェアするどころか、敵対的な関係になりかねません。いわゆる「買いたたき・リスクの押しつけ」という古い関係性です。長期的な永続性を考慮し、粘り強くパートナーシップをベースにした関係性を構築しなければなりません。

B2B2Cの場合は、**最終顧客を意識しつつ、B2B間で最適な業務連携と情報連携を構築**することが、競争力強化と永続性強化のカギです。B2B2C企業の販売・物流管理構築のポイントは、3−8項で記述します。

③B2CのB企業

B2Cには、小売業が入ります。直接、最終消費者に売ります。また、製造業であっても、最終消費者に直接製品を販売する企業もこの分類に入ります。ユニクロのようなSPA（Specialty store retailer of Private label Apparel）やデルのように、製造を行ないつつ直接、最終消費者に販売する企業です。

小売業は、最終消費者という厳しい顧客に対応しています。流行に左右され、飽きっぽく、わがままです。先が読めないので、販売の予測をしながらも急な販売中止や出荷依頼が生じるので、対応が難しいのです。B2C企業の販売・物流管理構築のポイントは、3−9項で記述します。

第3章では、B2B・B2B2C・B2Cの特性を記述します。第4章からは、B2B・B2B2C・B2Cに共通する業務機能のあるべき姿を構築する方法論を描いていきます。

3-2 B2B①：企画提案から始まる商談プロセスとパイプライン管理

確実に商談を増やして受注の確度を上げる

■ パイプライン管理とはどういうことか

「パイプライン管理」とは、売上に至るまでの営業活動のプロセス管理です。

B2Bのビジネスは法人間の取引になりますから、「商談」というプロセスがあります。製品問い合わせや説明依頼といった「引合い」、要求仕様検討という「要件検討」、見積もり依頼を受けた「見積もり」、「内定（内示）」を経て契約や受注といった「受注」があります。受注後、納入までが「注残」、出荷・納入後検収等があってはじめて「売上」計上となり、債権管理につながります。企業によっては、「引合い」の前に「企画」を置く場合もあります。

この「企画」→「引合い」→「要件検討」→「見積もり」→「内定」→「受注」→「注残」→「売上」の各ステップを**商談プロセス**として定義し、**各商談がプロセスのどこまで進んでいるのかを可視化して管理する**ことが、パイプライン管理です。

あたかも売上計上までの商談のパイプラインがつまることなく、大量に流れて確実に売上となることを目指して管理するのです。

商談の初期では、たくさんの見込客が誕生します。たくさんの見込客が、「引合い」→「要件検討」→「見積もり」と進むにしたがって減っていきます。ですから、受注につなげるためにはたくさんの商談の案件を抱えていないと、受注が先細りになってしまいます。案件数の管理は、重要です。

また、案件が多くても、プロセスが進捗しなければ受注に結びつきません。各案件がきちんと進捗しているかどうかが、重要な管理項目になります。「引合い」や「見積もり」といった各商談のステップは、「**ステ**

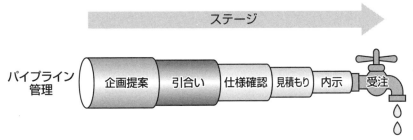

◎パイプライン管理のステージ◎

商談はステージが進捗するにしたがって減っていく
したがって、常に受注=売上を増やすには、以下の点が大切
①商談の引合いを増やし、商談案件を増やす
②商談を停滞させずに進捗させる
③取りこぼしを減らし、受注確度を上げる

ージ」と呼ばれます。ステージが進捗しているかどうかを管理する「**ステージ管理**」、「**進捗管理**」が重要です。

　商談管理では、**商談の金額と受注時期、コストや制約も管理**します。金額の大きさや受注の時期は重要で、金額は商談活動にかけるヒト・モノ・カネといった、リソース配分の優先順位を決めるカギになります。大きな売上が見込めるならばそれなりのリソースを割きますが、小さな案件にたくさんのリソースは割けません。
　また、受注時期も重要です。受注の時期が重なると生産能力や原材料が足りず、生産対応できない場合が生じます。商談の優先度を決め、限られたリソースを適正に配分することで、商談継続の可否を判断することも重要な管理事項になります。
　商談初期はたくさんの案件を発掘し、重要な案件は可能な限り進捗させ、確実に受注獲得するプロセスを管理していくことがパイプライン管理の重要事項です。

　商談を増やすには、受け身の姿勢でいるだけでは不十分です。積極的

に企画をして、新規商談の掘り起こしや新規見込客の開拓を行なわなければなりません。

すべての商談がそのまま受注になるわけではなく、コンペで脱落もあるでしょうし、見込客の商談そのものがとつぜん消える可能性もあります。待ちの姿勢ではジリ貧になるので、積極的に案件発掘する「企画」をしなければなりません。

こうした商談管理は、案件を発掘し、商談プロセスに載せて確実に進捗させ、受注を獲得して生産やサービス提供するといった一連の流れが石油パイプラインを通じた石油の流れに似ているため、「パイプライン管理」と呼ばれるようになりました。

パイプラインを管理すれば、確実な売上にもち込むことができるので、パイプライン管理を標準化して管理することには意義があります。

たとえば、今期の売上目標達成に対して商談上の「要件検討」や「見積もり」のステージの案件が少ないと、受注や売上が減ってしまいます。この状況が見えれば、もっと商談を増やそうと「企画」、そして「引合い」を増やすというアクションが取れるわけです。

■■ パイプライン管理がぜい弱な日本企業

しかし、日本企業の多くは、パイプライン管理というコンセプトが認識されていません。売上が少なく目標達成ができていないと、とにかく「売ってこい」といった、叱咤激励しかできないような管理がよく見られます。

私が支援したあるB2Bの大企業でも、パイプライン管理がされておらず、上長は「今月の売上はどうなる？　来月の売上はどうなる？」としか聞かず、その報告で営業が疲弊していました。

本来は、長期的に案件発掘をして商談にもち込む活動が必要なのに、今月・来月の売上死守と説明に翻弄され、商談が先細っていったのを目の当たりにしたこともあります。

この企業は典型的なB2Bの製造業で、顧客と共同で製品開発に寄り添い、機能部品を設計して納入する企業でした。量産の数年前から商談を

開始し、企画・設計コンペで勝ち残り、試作を経て、顧客の量産が確定してからはじめて受注・売上が立ちます。

つまり、売上は商談の設計獲得があった数年後の量産フェーズで立つのであって、しかも、その売上は顧客の生産計画に連動した部品仕入に左右され、営業マンではどうしようもない部分があったのです。

この企業が売上を増やすには、技術を発掘し、企画をもち込み、たくさんの商談を生み出すしかありません。そのうえで確実に商談を刈り取ることが必要でしたが、ついぞこの会社は、パイプライン管理をしませんでした。

結果、売上は減っていきました。顧客の生産計画依存で、自分たちでは左右できない発注数に基づく売上を拡大しようと、短期的に活動しても効果が上がるはずはなかったのです。

過去にドブ板営業で稼いできた古い経験しかないマネジメントたちには、パイプライン管理の重要性が理解できないようでした。

受け身でいれば、商談が舞い込んでいた高度経済成長期ではもはやありません。こちらから企画・提案し、共同で付加価値の高い製品を作る協力をしながら商談を生み出さないと、受注がままならなくなったのです。また、自社に強力な技術力を育み、技術力をベースにした提案営業をしなければ、コンペと下請け仕事で疲弊する時代になりました。

通常、新規の仕事をする際は、コンペが基本になります。コンペに勝ち残るには、パイプライン管理は欠かせない管理です。また、商談の優先順位を決め、リソース配分を行なうにも、パイプライン管理で売上規模、コスト、利益見込み、受注確度、受注時期が把握できないと判断できません。

「がんばれば何とかなる時代」ではなくなった今、自ら企画し、商談を発掘し、一度発生した商談は、確実にパイプライン管理に載せて受注にもち込むことが必須になりました。B2B企業の販売・物流管理において、パイプライン管理は必須なのです。

■ 属人化を排してパイプライン管理を導入すべし

　日本企業は、社員個々人の人的な優秀さに支えられて発展してきました。しかし、競争が激しくなって、仕事を遂行するうえで考慮すべき変数が多くなり、個々人では判断できないことが増えました。また、スピードが求められるようになり、ゆっくりと人を育てる余裕もなくなり、新人でも短期間で即戦力にしなければならない状況になってきています。

　一方、営業活動は、いまだ過去の高度経済成長期の属人的な「がんばる」営業管理が中心です。

　「今、どのような商談ステージにどれくらいの案件」があって、「それぞれどれくらいの売上見込み」があり、「受注獲得の可能性がどれほどあるか」といったことは営業マンの腹の中というのが実態です。年度末に向かって、「どのタイミングでそれぞれどういう受注があり、売上ができそうか」を尋ねると、毎回状況が変わり、過去の報告との整合性がわからず、どこをどう改善して、どう指示するのかがさっぱりできないのです。

　営業部門の商談の進め方にパイプライン上のステージの定義もなく、受注確率の定義もなく、つど属人的な打ち合わせと言い訳と指示の中で動くので、結果の管理しかできないというのが関の山です。

　これでは、結果としての売上管理しかできず、そもそも売上を増やし、確実にするための管理活動になりません。管理の仕方が標準化されず、状況はそれぞれの頭の中にあり、属人化した管理に依存しているので、改善しようもないのです。

　繰り返しますが、現在のように右肩上がりでない市場環境で、確実に売上を増やすための商談を増やし、確実にステージ進捗をさせるにはパイプライン管理は必須です。そうでないと、確実に売上が達成できるのかどうかが担保できなくなってきているのです。属人化を排し、パイプライン管理を標準化していくことが必要です。

3-3 B2B②:引合いから見積もり・価格提示 プロセスの高品質・高速化が競争力

正確な要件確認、付加価値の高い提案とリーズナブルなコストで勝負が決まる

■■ 既存顧客をがっちり囲い込むアカウント制度

　B2B企業では、長期的な取引のある顧客企業に対し、その顧客向けの特別営業体制をもっていることがあります。大きなビジネスが継続されている場合、顧客名を冠した組織が存在することもまれではありません。

　しかし、その対応体制には何の戦略性もないことがあります。単に、既存ビジネスの対応をするために作られた処理部門程度で、定期的な営業対応とトラブル対応、受注と出荷処理程度の組織機能にとどまっていることも多くあります。

　顧客に密接した組織まで置いて、顧客と長期的な関係性が構築できているにもかかわらず、目先の受注に基づく処理業務と出荷対応が中心で、将来のビジネス対応が疎かな企業がたくさんあり、残念なことです。

　長期的な関係性があるのであれば、顧客企業の今後の事業方針を知り、新製品開発の計画を把握し、先読みして提案したり、顧客が考えるべきところを代行して考えたりすることで、顧客企業に深く入り込むことができるのです。こうなれば、単なるサプライヤーではなくなり、長期的なビジネスパートナーになることができます。

　顧客の今後の動向をふまえ、将来計画に沿って企画・提案を行なったり、共同で企画・開発したりする機能を「**アカウントマネジメント**」、または「**アカウント制度**」と言います。顧客を「**アカウント**」と呼んで、顧客の長期的な事業計画に寄り添って、長期的なビジネスプランを立案します。このプランを「**アカウントプラン**」と呼びます。

　たとえば、顧客の今後の新製品開発ロードマップを手に入れ、それに適合した部品の開発提案を行なうといった製品開発の協業化があります。あるいは、工場建設計画を早期に入手し、新工場近隣への進出を同時に

計画することで、短時間で確実な供給を行なうことができ、関係性はより強固になります。

　アカウントプランでは、**今後、数年間の売上計画も策定します**。先の新製品開発等に沿って、「どこまでのシェアを獲るか」といった、顧客内の自社のシェアを高める計画を立てます。もちろん、アカウントに対する事業ごと、製品ごとの売上・利益計画も同時に立てます。

　アカウントプランは顧客への売上増・事業開拓をしていくので、数字だけの計画でとどまることはありません。長期的な事業継続・拡大を狙うので、企画・開発計画や投資計画も付随します。

　また、顧客内の人事組織体制の情報も重要視します。意思決定者、予算決裁者、プロジェクトリーダー、部門長、キーマン、部門間の力関係、マネジメント層の力関係などの顧客内の組織構造を把握します。これを「**パワーストラクチャーの把握**」と言うこともあります。

　構造をつかんだら、次は「現在、誰とコンタクトしていて、誰とパイプの構築が必要か」を計画していきます。関係構築のための打ち手や紹介の依頼、自社の誰をぶつければ釣り合うかなどのコミュニケーション計画も練ります。

　アカウントプランでは、自社の顧客に対するシェアを高め、売上・利益を増やし、かつ、長期的な親密度が増すようなビジネス継続性と顧客内のパワーストラクチャーを見極め、キーマンとの長期的な関係性を強化していくことを目指します。販売・物流管理とは、単に受注・出荷の処理をするのではなく、顧客との長期関係性維持を視野に入れたアカウントプランもスコープに入っているのです。

■ きちんとヒアリングし、提案するためにエース級を配置

　顧客企業は、自社の新製品開発や設備導入、システム導入に際し、パートナーを適時探します。正式な提案依頼をする前から、情報提供を求めてパートナーやパートナー候補企業に接触してきます。また、小規模な開発や現行のサプライヤーを他者にスイッチしたい場合などでも、接触してくることがあります。

　単なる情報収集の場合もありますが、通常、情報収集の次には「提案

依頼」があるのです。提案依頼のステップに駒を進めるためには、積極的に情報提供依頼に対応できなければなりません。

情報提供と言いながら、顧客企業の担当者も忙しく、かつ、昨今のような部品や原材料の革新が日進月歩の場合、高度な専門知識をもっていない場合があります。こうした場合は、**顧客企業の担当者のやりたいことや必要なことをヒアリングして、適切に情報提供していかなければなりません**。

こうした顧客のやりたいことや希望が"やわらかい"段階からのコンタクトが、非常に重要になる場合があります。この段階で、顧客側から「この担当者は要件を適切に理解し、適切な情報提供をしてくれる」「こちらの曖昧な要件を整理してくれる」といった評価を受けることが、ことのほか重要です。評価されれば、必ず提案依頼へとつながります。

逆に、この段階で「まともなヒアリングもできない」「まるで素人だ」「頭が悪く、自社の説明しかできず、こちらの要求が理解されない」といった評価になってしまうと、"次"はありません。

情報提供時点での評価により、提案を依頼する企業が選別されます。提案依頼があっても顧客担当者が忙しく、依頼要件が整理できない場合は、ヒアリングで適切に依頼内容を聞き取り、顧客が期待する提案をしていかなければなりません。

こうしたことは、非常にスキルと経験がいるので、営業や企画、要件をまとめて提案する技術者にもエースをあてないと、勝ち残ることができません。特に重要なアカウントの場合、企業の中でも卓抜したスキルと経験のある営業担当と技術者をあてないといけないのです。

そうは言っても、優秀な人は限られます。重要アカウントとそうでないアカウントの峻別も必要ですし、獲るべき商談、営業上おつき合いしなければならない商談、捨てる商談を切り分ける視点も必要になります。

■■ 提案と見積もり、案件審査は標準化し、高速化する

私がかつて提案したプロジェクトでのことです。我々が要件定義をしたにもかかわらず、パートナーのシステムベンダーの提案と見積もりに時間がかかり、顧客の予算化タイミングに間に合わず、プロジェクトそ

のものが立ち消えになったことがありました。顧客側は何度も迅速な提案と見積書の提出依頼をしていましたが、システムベンダーの社内事情もあって遅れに遅れたのです。

このとき起きていたのは、システムベンダーに提案書のひな型がなく、提案書自体をゼロから作るという、時間のかかる作業をしていたことです。本来、提案する作業や工程は標準化され、標準化された項目を組み立てればできるはずなのですが、それをゼロから考えていたのです。そのうえ、提案者のレベルが低く、上司に何度も訂正を指示され、ますます時間がかかりました。

次に、見積もり試算も標準化されておらず、見積もりの仕方から考えるという状況でした。システムベンダーですから、プロジェクトの工程・作業の標準化と合わせて見積もり積算を標準化しておくべきですが、それがなされていなかったのです。

そのうえ、昨今の失敗プロジェクトが増えている傾向から、社内のリスクチェックが厳しくなっていました。何度も詳細、かつ、上長の思いつきで検討項目が追加され、チェックが繰り返されました。

提案は、時間との競争です。顧客もスピードを求めます。そのようなときに、顧客そっちのけで社内事情に時間を使い、内部検討だけで時間をムダにするようでは、競争に勝てません。顧客のイメージも悪化し、満足度も著しく下げてしまいます。

　提案書を作る工程・作業は標準化し、提案書もテンプレート化しておくべきだったのです。スライドや文書などはテンプレートをカスタマイズして、迅速に、それなりのレベルで作成できるようにしておくべきです。これで、スピードと品質が確保できます。当然、見積もりとリスクチェックも標準化し、スピードアップとリスク低減ができるようにすべきです。繰り返し実施される仕事であるにもかかわらず、標準化されていないために時間を要し、個々人のレベルで品質にバラツキが生じるようでは、顧客にそっぽを向かれてしまいます。

　販売・物流管理として、提案と見積もり、リスクチェックは標準化し、スピードアップと業務品質を高め、顧客満足を上げるべきです。**提案や見積もりは、顧客接点上の最重要なポイントの1つなのです。**

3-4 B2B③：営業と生産の組織分断は避けなければならない

組織横断の顧客対応が構築できない組織は衰退する

■■ 商談対応は営業組織に閉じず、組織横断で行なう

　３－２のパイプライン管理や前項のアカウントプランでは、営業単独で対応せずに、組織横断での対応の必要性を述べました。商談対応を営業組織単独で行なってしまうと、関連組織に迷惑をかけ、ひいては顧客に迷惑をかけることも起き得ます。必要に応じて協力体制を引いて、組織横断での対応ができるようにしておくべきです。

　たとえば、高度な生産技術を必要とするような品目の製造があるのに、営業組織だけで商談を進めて受注してしまうと、いざとなったときに自社で製造できる技術がないといった問題を引き起こすこともあります。

　同様に、営業組織だけで商談をすることで原価見積もり上のヌケやモレが起きたり、生産能力の制約を無視したり、原材料の調達困難を取り落としたりして、大問題を起こした例は枚挙に暇がありません。

　商談対応では、技術的な困難さや生産制約、調達制約といった制約条件を検証しながら、組織横断で対応すべきなのです。

　また、組織横断で対応していれば、事前にこうした問題をつぶしておくことができ、逆に、顧客に提案しながら商談を進めることができます。特に、業界をあげて難しい品目を作ろうとしている場合や、業界全体で原料不足などの制約に陥っている場合には、顧客と共同で問題解決することになり、より顧客の信頼を得ることができます。

　商談対応を、パイプライン管理上、必要な組織と協力して実施していくべきなのです。

■■ 販売計画や実績と生産計画・在庫計画は同期させる

　今でも在庫の準備や生産計画立案が生産組織の仕事で、営業が関係しない企業があります。少品種・大量生産・大量販売の時代には合理的だ

第３章　顧客コンタクトポイントを付加価値化する

った方法ですが、多品種・少量生産・少量販売の時代になると、この方法は壁に突きあたり、状況に対応できなくなっています。

　私の知る製薬メーカーで、かつて医薬品の供給の危機に直面した企業がありました。毎年、工場が予測した原薬製造によって原薬を用意し、需要に応じて製品製造して売ることで問題がなかった企業でした。
　ところがあるとき、薬が大量に売れてしまい、原料不足に陥り、製品製造がひっ迫してしまったのです。営業は需要の増大に気づいていましたが、「工場が何とかしてくれるだろう」とたかをくくっていました。しかし、工場で準備した原料以上の製品生産要求となり、大騒ぎになったのです。
　本来、需要変動を工場にもきちんと伝えて原料確保を行なうべきでしたが、営業情報を工場に伝える機能もないうえに、営業組織側にも供給制約に陥る可能性を監視する機能もなかったのです。そこでこの製薬メーカーでは、ようやく世界中の需給計画を可視化し、統制するSCM組織を設置したのでした。
　この例のように、販売計画や実績と生産計画・在庫計画を統合的に管理しなければ、顧客への供給を担保できない状況に陥るリスクが、どの企業にも存在しています。販売・物流管理として供給制約を監視しながら、自らの需要変動を生産部門にタイムリーに伝達する機能や会議体が、必要になってきているのです。

■■ 受注対応は"早い者勝ち"か、調整か、ルール化か

　それでも、大量生産・大量販売が今も生きている企業もあります。たとえば、化学品メーカーなどの原材料メーカーです。こうした企業の中には、工場が立案した在庫計画で準備された製品在庫を、営業が販売するという業務プロセスを構築しているところも多くあります。営業組織は計画をせず、ただ売るだけという役割です。
　こうした企業では、計画的に準備された製品在庫を営業がセールスして回り、受注があれば在庫を引き当てて出荷するのです。受注した数量が準備された数量を超えなければ問題がありませんが、超えた場合には

問題が生じます。在庫が取り合いになるからです。

　在庫の取り合いの方法には、大まかに言って3つあります。1つは、**"早い者勝ち"**です。受注タイミングの早い順に在庫を引き当てていく方法です。利点はシンプルであることで、面倒な調整、難しいルールやシステムが必要ありません。

　一方、重要な顧客でも発注タイミングが遅くなると欠品になる恐れもありますし、監視しないと、営業マンが相当先の納期の注文まで早めに注文を入れるように促し、在庫が滞留・陳腐化する恐れもあります。

　2番目の方法は、「調整」です。在庫を欲しがる営業マンごとに、在庫を割り当てる方法です。割り当て方としては、事前調整による割り当てと、取り合いになったときだけ事後的に調整する方法があります。

　事前調整は、供給の制約などの事態が事前に見越せるときに行ないます。事後は、急な需要増大に対応して行ないます。どちらの場合も営業マンとしての成績に関わるので、マネジメント層もふくめて調整することが必要です。

　メリットとしては、組織的に調整ができるのであれば、企業として最大限の売上・利益が確保できる配分調整ができるでしょうし、重要な顧客とそうでない顧客の選別対応も可能になることが考えられます。

　一方で、調整に時間がかかるうえに工数もかかるので、コストがかさんでしまいます。

　第3の方法は、「**ルールで縛る**」ことです。たとえば、販売計画を立てていれば、取り合いをしている営業マンの販売計画数量の比率で在庫枠を按分する方法、抱えている顧客の受注数量の比率で在庫枠を按分する方法、手持ち在庫がある規定の水準に比べもっとも低い営業マンに在庫枠を按分する方法など、さまざまな方法が考えられます。

　メリットはルールがあるので統制しやすい点ですが、デメリットとしては、杓子定規にいかない場合には結局調整がいる点、また、システム化するにもロジックが複雑でコストがかかる点です。

　それぞれ一長一短があるので、どの方法がベストということはありません。受注対応するための枠のはめ方は、販売・物流管理として自社でもっともよい方法をきちんと考え、検討して導入すべきなのです。

◎在庫の取り合いの3つの方法◎

早い者勝ち	受注タイミングの早い者から在庫を確保していく	シンプル ただし、早い者勝ちでは優先顧客なども優先されない 営業が早めに押さえて滞留したり、在庫があるのに他の顧客に出荷できない事態も起きる
調整	在庫を欲しがる営業マンごとに、在庫を配分して割り当てる方法	企業として最大限の売上・利益が確保できる配分調整ができる ただし、調整に時間がかかる
ルールで縛る	ルールを決めて、ルール通りに在庫を割り当てる	統制しやすい しかし、杓子定規にいかない場合は結局調整が必要 ロジックが複雑になる可能性があり、システム化する場合、高コストの可能性

■■ 与信管理と債権管理の精緻化・迅速化

　受注業務で重要な機能の1つが「**与信管理**」です。出荷後、売上請求をして、お金を回収するまでは、顧客ごとに信用貸しをしているようなものです。回収不能などのリスクを回避するために、債権の上限を決め、債権残高と対比しながら、上限を超えた場合には受注を受けないようにします。

　しかし、債権管理を経理部が行なっていたりすると、営業マンが債権残高に気づかずに受注してしまったり、出荷してしまう恐れもあります。うっかりミスもあり得ます。

　債権管理が、経理部や営業統括部といった現場の営業マンが所属していない組織で行なわれている場合には、債権額を随時営業マンに知らせて、受注時に上長の承認を受けるようにする必要があります。

　昨今は、債権残高を常にチェックする与信管理機能がシステムに実装されていることもあります。人的管理には限界があるので、システム化する意義は大きくなっています。

3-5 B2B④：商談管理と同期したコンカレントエンジニアリングがコスト競争力を生む

設計者による製品機能重視だけでは競争力を喪失しかねない

■ 設計が設計だけをしていればよい時代の終焉

　1つの製品を長く作って、長く売っていく時代は、設計者も設計に没頭していればよかったのかもしれません。しかし、スピードの速くなった昨今では、設計者もさまざまな部門と連携しなければ、仕事の成果がガタ落ちになります。

　私の支援した合成化学品メーカーでは、レシピの設計が設計者別に行なわれてしまい、独りよがりで製造の困難なレシピ組み立てになってコストアップ、供給がひっ迫する状況になっていました。

　会社の方針としては、構成を単純化し、標準原料や標準中間品から組み立てることが指示されましたが、設計者としては独自の組み立てをしたいのか、こうした企業方針はことごとく無視されたのです。

　結果、よく売れる品目の中間品製造が特定設備に集中してしまい、供給できない状況になりました。生産管理部門のアラームが設計部に届かなかったのです。一方、高額の投資をした設備は使われないまま放置され、稼働が上がらず収益を圧迫していました。

　また、原料には天然産品があり、不作で調達困難な見通しが立っていたにもかかわらず、大量の調達を必要とするような構成が組み立てられ、大問題にもなっていました。年に一度しか収穫できないため、世界中探しても調達が困難なのです。購買部のこうした警告も、設計には届きませんでした。

　さらに問題だったのは、設計プロジェクト管理が設計部門だけの管理になっており、営業の商談プロセスとの連携がなかったことです。そのため、一度商談上の設計プロジェクトが起きると、設計者は設計に邁進してしまい、その商談の勝率が怪しくてもブレーキが利きません。

　すでに勝ちが見えない商談、敗戦が内定した商談でも、設計を続けて

第3章　顧客コンタクトポイントを付加価値化する

しまい、設計図ができ上がったあとに商談が消えたことを知って、ムダな作業になったということが日常的に起きていました。ただでさえ設計者は人手不足なのに、こうしたムダが放置されてきました。

設計者は、確実に獲らなければならないプロジェクトとそうでないプロジェクトを何となく識別はしていましたが、正確な情報と上長の意思決定がない中で全方位的に仕事をして時間不足に陥り、結果としてよい設計もできなくなっていったのです。

■■ 商談プロセスと設計プロセスを同期させる

当時、私はこの会社に対し、商談管理と開発のプロジェクト管理を同期させる提案をしました。残念なことに開発部長は、「わが社のプロジェクト管理はできている」と言い張り、議論は平行線でした。

その後、営業本部長、企画部長、生産統括本部長、購買部長とプロセス改善を推進する過程で、商談管理と生産前準備、調達品探索のプロセス整理を行なうにあたり、開発プロジェクト連携がないとできない旨を役員会に答申し、開発部門を巻き込む動きを作り上げました。

営業は、顧客との商談でパイプライン管理を行ないます。特に、商談にステージ設定をし、売上ボリューム・確度によって商談優先度をつけてもらいます。これにより、設計側への優先度も決まり、「重要案件会議」という会議体を設定して、開発部門に閉じこもったプロジェクト管理を外部からも検証できるようにしたのです。

今まで開発独自で作っていた開発ステージと、検証ステップのデザインレビュープロセスを商談と連携させました。商談ステージとデザインレビューステージを連携させることで、設計構成の承認だけでなく、商談推進可否の承認と同期させました。

■■ 営業・設計・生産・調達の連携も可能になる

商談プロセスと設計プロセスが可視化され、同期化されれば、生産技術・生産管理・調達との連携も可能になります。

商談初期段階で生産技術上、難易度の高い設計になりそうな場合や、生産能力がひっ迫しそうなときにアラームを出します。また、調達難易

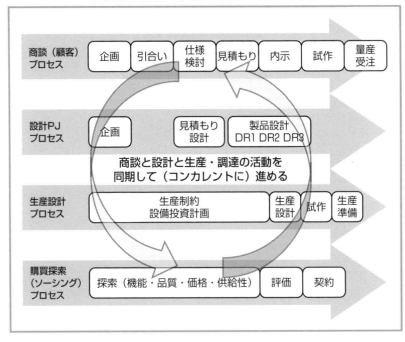

◎営業・設計・生産・調達を連携する◎

度の高い原料の使用回避を促し、共通原料化の示唆、新規原料探索情報のシェアなどもできるようになりました。

　商談管理を起点に設計プロセスを同期させ、さらに生産技術・生産管理・調達と連動して会社としての製品競争力を維持しつつ、儲けを生み、供給リスクを避ける設計を可能にしていきました。古くて新しいコンカレントエンジニアリングを達成したのです。

■ プロダクトマネジメント導入による製品力の強化

　こうした商談・設計プロセス上のコンカレントエンジニアリングは重要ですが、もう一歩踏み込みたいものです。

　B2Bの製品供給の場合、顧客側が設計の主導権を握って、部品や原料への要求仕様を決めてくることが多いですが、場合によっては、基本設計まで顧客が行なってしまうケースもあります。

　こうなると、自社の製品なのに顧客に製品仕様を決定される「受託開

発型の企業」になってしまいます。これでは自社の競争力を向上できるわけはなく、単なる下請け業者のようになってしまいます。コストも握られてしまい、利益が生み出しにくくなり、散々です。

　こうした受託型の設計と供給は、仕事があれば安定的に儲けも継続しますが、顧客側の製品ライフサイクルも短くなりつつあるため、儲けを生むことが困難になってきています。せっかく設計リソースをかけ、ぼう大な研究開発費を積んでも、回収が困難になってきているのです。

　やはり、自社のキーとなるテクノロジーは自社で育て、自社の製品競争力を前面に押し立てて、企画や提案を仕掛けながら設計を取り、納入を獲得していかなければなりません。そのためには自社の製品を定義し、今後の革新ロードマップを決めて、自社プロダクトとして打ち出していく必要があるのです。

　こうしたことを実現するには、「**製品企画**」が必要です。製品とは自社にとってもっとも重要なものであり、**自社の競争力維持と収益性維持・拡大のためのカギとなるもの**です。

　企画部門だけではなく、営業・設計・生産・調達を連携させ、自社にとってもっとも競争力となる製品仕様とキーテクノロジーを定義し、生産技術を保持し、原材料確保を行ない、収益性も計画しながら製品企画展開を計画していかなければなりません。こうした枠組みを「**プロダクトマネジメント**」と言います。

　プロダクトマネジメントでは、「**プロダクトマネージャー**」という製品の企画から終了まで責任をもつ役割を設定し、組織横断で新製品設計・マーケティング・利益管理・製品ライフサイクル管理を行ないます。

　新製品開発段階では、製造拠点の選定や原料サプライヤーの選定・関係強化を行ないます。まさに、1製品に関わるすべての責任をプロダクトマネージャーが背負うのです。

　B2Bの世界でビジネスを継続するには、受託開発・受託製造だけでは厳しい時代になりつつあります。自社で明確にプロダクトマネジメントを行ない、自社製品として売り込みをかけるようにしないと、いつまでも下請けでジリ貧になるリスクが高いでしょう。

3-6 B2B⑤：アフターサービスで顧客を囲い込む

「使い続ける」ことに価値を見出す業界への対応方法

■ 製品が売れない時代はアフターで稼ぐ

　成熟化した社会では、新製品はなかなか売れません。消費は控えめになりますし、製品の使用期間が延びます。これはB2C業界だけではなく、B2B業界でも同じで、設備関係では特にそうです。一度購入された設備は長く使い続けることが当然になり、償却期間を過ぎても手直しされながら使い続けられます。

　トラックや重機、工作機械や製造装置を思い浮かべてください。こうした高額設備は、ひんぱんに買い替えられることはなく、一度購入されると長く使い続けられるのです。長く使えば使うほど、顧客の利益になります。

　使用期間が延びると、**その間、顧客が使い続けられるように「保守」が重要**になります。保守サービスがビジネスになり、点検・補修・修理などの仕事が発生します。併せて、消耗品や修理用部品、機能維持のための交換部品などのサービスパーツも売れていきます。

　アフターサービスとして顧客の設備稼働を保証し、ビジネスを止めないことが重要になるのです。サービス体制とともに、製品納入後の顧客との契約管理もきちんとしていることが重要になります。過去の取引履歴も同様に重要です。

　しかし、こうした契約管理や取引履歴管理がいい加減な企業も多くあります。これでは、十分なサービスを適正なコストで行なうことができません。顧客に嫌われてアフターサービスの売上が上がらないどころか、次の新製品買い替え時に選ばれなくなってしまいます。顧客のビジネスを止めないアフターサービス体制を作り、顧客関係を長く維持しなければなりません。

■■ 製品を売るためにもアフターサービスの充実が必要

　製品を売るためにも、もはやアフターサービス体制の充実なしでは苦しい状態になります。設備は稼働し続けてこそ、価値を生みます。故障を迅速に直し、すぐに復帰させないと顧客のビジネスに甚大な影響を与えます。

　こうした要求に応えるべく、多くの先進企業は世界中に保守拠点を設置し、サービスパーツが確実に供給できるような物流網を構築しています。こうした体制ができない企業の製品は、買ってもらえなくなってきています。

　故障してもすぐに修理してくれるメーカーと、1週間経っても補修部品が届かないようなメーカーとでは、どちらの製品を買うでしょうか。もちろん、即、故障修理をして復旧をしてくれる企業の製品です。新製品の性能ばかり謳って、アフターサービスを疎かにする企業は、今後B2B業界での製品販売が困難になっていくことでしょう。

　逆に言えば、**アフターサービスの向上は、顧客囲い込みの強力な道具**にもなるのです。いまだにサービス部門を軽視するメーカーも多いですが、世の中は変わりました。いつまでも、製品だけが花形ではありません。アフターサービスの充実は急務なのです。

■■ サービス業務とサービスパーツの供給がカギ

　アフターサービスのカギは、**サービス業務をきちんと構築し、かつ、サービスに合わせてサービスパーツの供給を迅速・確実にすること**です。

　故障してから対応するのではなく、定期点検を行ない、予防保全に努めることで、設備を故障で止めないようにします。交換部品も確実に交換します。サービスエンジニアの質を高め、効率的な派遣を行ないます。

　故障が発生した場合でも、常に現地に行かないと確認できないような体制はやめて、自主メンテを可能にするマニュアルや教育の提供を行ないます。ネットにつながれば、リモートでの稼働情報の取得、リモートメンテナンスを可能にします。

　故障診断が迅速にできれば、必要なサービスパーツを確認できます。

◎アフターサービスで顧客を囲い込む◎

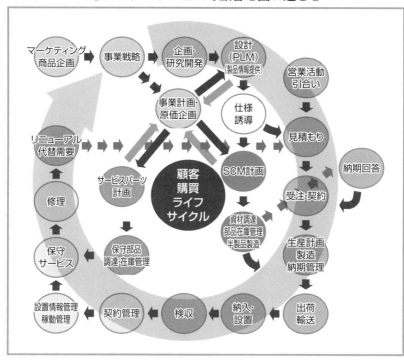

迅速に届ける物流網を構築しておくことが必要です。常に交換が必要な部品は顧客のそばで預け在庫にしたり、自社のデポから即納できるように顧客の近隣に選別して配置したりします。めったに使われない部品でも急に必要になった場合は、緊急輸送できる仕組みも準備しておきます。

保守契約の中でこうしたサービス体制を謳うことで、価格が高めの保守契約を結ぶこともできるでしょう。保守契約が高い分、定期交換部品を無償化するなどのサービスを組み込むこともできるでしょう。アフターサービスを、顧客を囲い込むツールとして使うのです。

■ サービス部門の大部屋化でサービスレベルが向上する

また、昨今の設備の高度化・多様化に対応すべきですが、サービスマンが各地域に散在しているようでは、高度なサービスが提供できません。サービスマンが散在していると、サービス拠点1つあたりの人数が減り、

その分、多種・多様な設備に対する専門家が減ってしまうからです。

そこで、問い合わせを一時受けする「**サービスセンター**」を作り、そこを大部屋化することで、どんなマイナーな設備でも必ずエキスパートがいる状態を築きます。こうすると、今までは故障状況がわからず何度も現地に出向き、社内の専門家を探して相談して時間を浪費してきたものが、大部屋にいる専門家に問い合わせて対応すれば即解決という事態も生じます。劇的な効率化とサービスレベルアップが果たせるのです。

多様化により機種が増えてしまい、使用期間が長期化すると、すべての機種を知る人もいなくなります。それぞれの専門性を生かして大部屋に集まり、センターに連絡さえすれば必ず専門家がいるという状況にすることが顧客満足を上げ、コストダウンにもつながるのです。

■■ IoTの対象領域の可能性

アフターサービス領域では、顧客の購入した設備の稼働管理をすることが古くから行なわれてきました。設備稼働の状況をモニターし、リモートでメンテナンスをするためです。稼働情報を収集し、情報提供をすることも行なわれてきました。

こうした考え方が、インターネットが普及しきった今、「モノの情報をインターネット化する」という、IoT（Internet of Things）として注目を集めています。

先進事例として、重機の稼働監視をして盗難防止をしたり、燃費改善指導や予防保全をしようという例が有名です。修理要求や消耗品交換要求をネット経由で取得し、サービスマンを派遣して顧客の購買プロセスを代行して簡略化しようという例も一般化してきています。

IoTが言われる前から行なわれてきたリモート稼働監視が、インターネットの発展によって改めて注目されてきています。IoTの先には、自動化やAI（人工知能）解析に基づくフィードバックといった革新も考えられています。

一度設備を買えば使い続けてくれる顧客のために、また自社のためにも、アフターサービス領域のさまざまな顧客コンタクトポイントがインターネット化される可能性を秘めています。

3-7 B2B⑥：顧客コンタクトポイントを拡大し、顧客の業務プロセスまで取り込む

顧客の購買プロセスを取り込んでしまうアウトソーシングの作り方

■■ 購買代行で顧客の購買プロセスを取り込む

前項では、IoTを使って消耗品発注やサービスマン派遣の指示を出すことで、顧客の購買プロセスを取り込み、顧客を囲い込む例を取り上げました。

この方法は、IoTに依存しなくても構築することができます。要は、**顧客の購買代行を行なうビジネスプロセスを作り上げればよい**のです。

私の知る会社で、顧客の購買品目の在庫管理を行ない、必要に応じて補充発注を行なっている物流会社があります。

在庫管理という面倒な作業を外注化して請け負うことで顧客の業務を効率化する一方、収益を生んでいるのです。購買活動も受託しているため、顧客の購買先や補充発注のタイミングもコントロールできます。ノウハウが蓄積されていくので、顧客もこの会社と離れられなくなります。

顧客の購買プロセスを取り込んでしまう購買代行の仕事は、アウトソーシングの一形態です。

■■ 顧客の在庫管理を取り込むVMI

前述したように、「富山の薬売り」という商売の方法が昔からあります。薬を薬箱ごと預けて、翌年に使った分だけ代金を回収し、使った分の薬を補充していくビジネスです。

このような預け在庫をして、使った分だけ請求していく方法を「VMI（Vendor Management Inventory）」と呼びます。VMIは、**顧客の敷地内やそばにある保管場所、倉庫の在庫を管理**します。その在庫の所有権は顧客ではなく、VMIを行なっている業者の在庫です。使われるまでは、所有権は移転しないのです。

VMIでは、顧客にとって使用のタイミングまで品物を引き取る必要

がないため、在庫リスクがなく、在庫を購入して保持している間の資金需要が不要になります。顧客にとっては、非常に有利なのです。逆にVMI業者にとっては、在庫保持コストとリスクがあり、不利だとも言えます。

では、一方的に顧客に有利でVMI業者にとって不利かというと、そうではありません。継続的な取引が可能であれば、VMIを行なうことで購買プロセスを囲い込めます。また、買い取られなかったときの保障を取り決めておけば、在庫リスクをすべてかぶる必要はありません。

VMIは、買い取り保証なしに行なうと下請けいじめになりかねませんから、良識のある顧客はきちんと保証をすべきです。

VMIは顧客に利益があるため、顧客から構築を依頼されることが多いでしょう。しかし、富山の薬売りにあるように、長期的に顧客を囲い込むことができるため、仕入業者から仕掛けていくことも可能だと思います。VMIは長期的なビジネスを背景に、顧客との関係を構築して、使用に応じて請求するビジネスモデルです。

■■ BPOを武器にする

販売・物流管理として顧客にモノを売るプロセスは、顧客が購買をするプロセスと同じ意味合いになります。

前述の通り、この購買に関わるプロセスを丸ごと引き取り、さらに一歩踏み込んで顧客の組織ごと引き取ってしまうケースが、「**BPO (Business Process Outsourcing：ビジネスプロセスアウトソーシング)**」です。

私の知る企業で、IT部門を丸ごとBPOで外部のシステムベンダーに売却し、IT関係の仕入れや構築すべてを、このBPO業者から行なっているところがあります。

この企業では、IT部門のBPO化によって組織を身軽にする一方、外部の専門企業にアウトソーシングすることによって、最新の技術の提供も受けられるようになったのです。

逆の立場で見れば、システムベンダーは顧客のIT発注やシステム構

築のプロジェクト発注、プロジェクト管理、機器やソフトウェア、ハードウェアの購買など、顧客のIT関連業務をすべて囲い込んだのです。

　BPO企業にとっては、アウトソーサーとして顧客の購買プロセスを取り込んで顧客コンタクトポイントでの囲い込みを行ない、長期的なビジネスの安定性を構築することができます。

　販売・物流管理として、重要な顧客・大口顧客とのビジネスにおいて顧客コンタクトポイントを拡大し、顧客の業務プロセスまで取り込むことは、戦略的な顧客対応として重要な打ち手になるでしょう。

3-8 B2B2C：B2Bと同じ部分と異なる部分

代理店・卸・小売りとともに、最終消費者を意識する

■ B2B2Cにおける販売・物流管理の特徴

　B2B2Cは、主にメーカーが代理店・卸・小売りに製品を販売し、代理店・卸・小売りがその先の「最終消費者」に販売するビジネスです。

　B2Bとの違いは、最後に「最終消費者への販売」があり、最終消費者との関係も意識したうえで、B2B2Cの最初のBの企業が、販売・物流管理を実施しなければならない点です。

　B2Bの場合、たいていは企業間取引の最初に商談、設計コンペや内示があり、その後に発注＝受注があるものです。ビジネスプロセス上、連携関係が強いので、不備があるとはいえ情報の連携があり、メーカーサイドもある程度販売の見込みが立った生産を行なうことができます。

　しかし、B2B2Cビジネスの場合、最初のB企業はなかなか最終消費者の動向がつかめないものです。それでも、最終消費者の動向を知ったうえで販売・物流管理を行なわないと、痛い目に遭うのです。

　たとえば、コンビニの発注に基づいて生産・販売しているメーカーが、あるとき棚落ちして販売中止という事態にでもなると、事前に準備した資材・原材料・製品在庫がムダになり、大打撃です。

　B2B2Cビジネスの場合、自社の売り先との関係だけを意識するのではなく、**その先の最終消費者の需要動向や店頭在庫、代理店・卸・小売りの在庫も把握しなければならない**のです。この点がB2Bビジネスと異なり、情報収集の努力をかなりしなければなりません。

■ 顧客の視野を広げ、真の顧客とパートナーを識別する

　B2B2Cにおける製造業は、視野を売り先に限定せず、その先にいる最終消費者まで入れるべきです。

しかし、多くのB2B2Cメーカーは、代理店・卸・小売りを顧客として意識しても、その先を意識しない傾向が残っています。

　代理店・卸・小売りに売り込めば終了、あとは売ってくれるので、自社からそこまでの売上しか意識しないのです。年度末に代理店・卸・小売りに無理やり押し込んで決算数値をよくし、翌月に売上の激減や、下手をすると返品の嵐というメーカーがいまだにあります。

　代理店・卸・小売りに「売れない、売れない」と嘆き、何とか買ってもらおうと努力します。値引き・リベートを厚くして、キャンペーンもてんこ盛りですが、売上は上がらない。それもそのはず、最終消費者に売れないから、代理店・卸・小売りに在庫が積み上がり、これ以上購入できないといった事態が生じていたりするからです。

　右肩上がりの時代は、代理店・卸・小売りに売ってしまえば自然に売れていったので、押し込んでしまえば、そのうち最終消費者に売れるという状況がありました。しかし、今はモノが売れない時代です。代理店・卸・小売りは、売れなければ仕入れられません。

　したがって、**B2B2C企業は最終消費者の購買動向を把握しなければなりません**。本当の顧客は、代理店・卸・小売りの先にいる最終消費者なのです。「最終消費者に売れているのか」「最終消費者に売るにはどのような施策が必要か」を考えなければなりません。

　代理店・卸・小売りに売ることを考えるのは否定しませんが、それだけではいけません。代理店・卸・小売りと一緒になって、「どうすれば最終消費者に売れるのか」を考え、協力していかなければならないのです。

　事後に対処療法的に対応するよりも、事前に準備して対応したほうが有効な手が打てます。B2B2Cビジネスでは、最終消費者を意識して販売・物流管理を行ないます。

■ 代理店・卸・小売りとの情報連携が最重要に

　そのためには、代理店・卸・小売りとの情報連携が重要です。「今、何が売れているのか」、また、「代理店・卸・小売りの持っている在庫は

◎B2B2Cでは、最終消費者を意識する◎

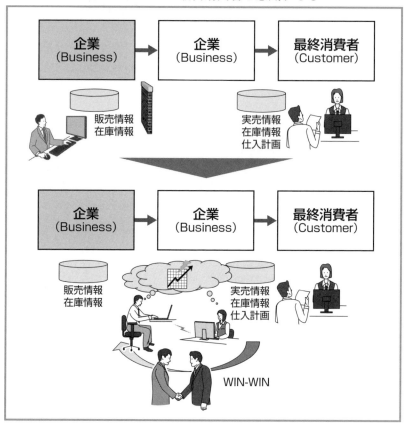

　適正か」を常に把握しなければなりません。
　小売業ではPOSが発達したので、店頭で何が売れているのかは即、把握できます。小売り側の販売管理がきちんとしており、在庫を極小化したい場合には、納入業者側にPOS情報と在庫情報を開示してくれる企業もあります。
　そうした情報をうまく活用できていない受け手側もありますが、自社の販売・物流管理を適正に行ない、売り逃しなく、過剰在庫にならないようにコントロールするための貴重な情報ですから、活用できるようにしなければなりません。
　店頭や代理店・卸・小売りで売れている製品は、今後も売れる予測が

できます。代理店・卸・小売りの在庫が減っていれば、補充があるので事前に自社在庫を増やして備えておかなければなりません。

　営業マンがいるなら、数値判断だけでなく、「今後も売れ続けるのか」、あるいは「キャンペーンなどの一時的な需要増でしかないのか」などの定性的な情報もとらえて、在庫準備をしなければなりません。

■■ 需要予測の必要性と内示・引き取り責任の有無

　代理店・卸・小売りに製品を売るために、B2B2C企業は事前に生産・調達をしなければなりません。受注生産・受注調達が可能な一部の品目を除き、生産するにせよ、調達するにせよ一定の時間がかかるからです。

　事前準備をするためには、「需要予測」が必要です。自社の過去の販売実績から予測することが一般的ですが、それだけでは不十分です。代理店・卸・小売りに在庫が滞留しているかもしれず、また、代理店・卸・小売りが特別なキャンペーンを予定しているかもしれないからです。

　こうなると、自社だけで予測したのでは不十分で、だからこそ代理店・卸・小売り側の情報が必要なわけです。

　代理店・卸・小売りの中には、「内示」を出してくれる企業もあります。内示があれば、それに基づいて供給を果たすことが必要になります。一方、内示を出すと引き取り責任が発生するので、内示は出さない代わりに、購入予定情報を開示してくれる企業もあります。

　こうした情報を活用しながらも、ビジネスパートナーとして可能な限り、「引き取り責任」をもってもらえるようにします。その見返りに、確実でタイムリーな供給、もしくは事前生産することによるコストダウン利益を配分して値引きするなどして、パートナーシップを強化すべきです。

3-9 B2C：探索行動と購買行動を分析し、セールスに活用する

システムを構築して顧客を囲い込む

■■ 単品管理と個客管理は当たり前になった

　B2Cの主要なビジネスは小売りです。小売りの世界では、多くの改革・改善が積み上げられてきました。「**単品管理**」は当たり前になりましたし、個別の顧客を管理する「**個客管理**」も普通のことになりました。

　単品管理についてはすでに書きつくされていますが、要は、**単品の販売管理・在庫管理・補充管理を行なうこと**です。「単品でどの商品が売れていて、どの商品が売れていないのか」を把握し、定番品から落としたり、きめ細かい発注を行なったりすることで、売上最大化とコスト最小化、在庫リスク極小化を実現します。

　個客管理を行なうには、「会員カードを発行する」「ポイントカードを発行する」「過去の取引履歴を台帳管理する」などのさまざまな方法が使われます。

　単価が安く、多くの不特定多数の顧客がいる場合には、個別の顧客の購買動向をマスでとらえて全体を予測します。**単価が高く、個別の顧客の顔が見える場合は、顧客個々人で**管理します。前者は量販店など、後者は自動車ディーラーや高級スーツ専門店などが考えられます。

　今ではPOSが当たり前になり、データベースもそろっているので、管理が容易になっています。蓄積された購買情報から、販売戦略を練ることができます。

■■「あなたを知る」ことによるセールス推奨と取引のロボット化

　顧客のことが理解できれば、戦略を練ったうえで、次に買うべき商品のセールス推奨ができます。「リコメンド」と呼ばれる機能です。

　特にネット小売りでは、リコメンド機能が発達しています。ある商品を買うと、類似商品を薦めてきたり、あるいは他の顧客が同時に買った

商品を薦めてきたりします。推奨された商品を買う必要性があると感じたら、顧客は買ってしまいます。

こうして、過去の購買履歴から同時に、あるいは次に何を買うかを分析し、推奨してくるのです。私も最近、防音シートを買った際にシートを貼るテープの推奨を受けて同時購入しました。

購買データが蓄積されれば、分析により推奨商品が適切に選択されるようになります。「**ビッグデータ解析**」と呼ばれる解析も、この分野では有効でしょう。

また、このような取引の流れをロジック化して、次々に購買に導いていく方法もあります。システムにロジックを組み込み、購買のステップを踏ませるのです。この購買ステップが自動化したものを「**ロボット取引**」と言います。

ロボット取引の発祥は、金融取引におけるプログラム取引、システムトレードからです。今では顧客のプロファイル（家族構成、収入、ローン、投資趣向等）を下敷きにして、市場データから予測される最適ポートフォリオをコンピュータに計算させ、助言し、運用を行なうツールが誕生しつつあります。

ロボット化は一連の取引を自動化することで、繰り返し性の高い作業を効率化・省力化します。取引スピードの高速化と高品質化を果たすことで、顧客取引を囲い込もうという動きになります。

顧客の購買データが蓄積できればできるほど、購買ロジックが解析され、購買行動のステップが可視化されます。B2Cの販売・物流管理の一領域として、ロボット取引は今後拡大されていくでしょう。

■■ 決済システムとポイントの組み合わせによる顧客の囲い込み

前述の通り、最近、ネットを中心に決済システムの取り合いが生じています。購買行動の最後の取引は決済になります。

今までこの領域は、現金取引・振込み・代引きなどの方法や、カード会社決済に依存していました。顧客にも不便をかけながら、B2C企業は外部の金融機関と組んで決済を行なっているのが普通でした。

しかし、デパートや量販店のカード発行により、決済とポイント付与が一般化し、顧客は多くの購入先の決済カードを持つようになりました。
　こうなると、**B2C企業が決済機能を取り込んでもつようになります**。顧客にとっては、簡単に決済ができ、ポイントがたまり、そのカードを持つことで割引やキャンペーンがあったりとなって、囲い込まれていきます。ポイントがたまるので、ますますこのカードを使うようになるのです。
　ネットでも同じ動きになっています。楽天の楽天カードの発行、アマゾンのアマゾンペイメントの導入などは、決済システムの取り込みによる顧客の囲い込みです。
　B2C企業は、販売・物流管理の領域に、決済システムの構築と決済システムによる顧客囲い込みの競争にこれから直面していくでしょう。商品探索から決済、さらに配送とポイント蓄積までをすべてワンストップで行なえるようになれば、顧客にとって非常に便利になるからです。

■ ネットとリアル店舗の融合

　ネットの発展はとどまるところを知りません。10年前ではマイナーだったネット取引も、今では普通のことになりました。ネット取引が発展すると、店舗でのリアルな取引が減っていきます。
　しかし、商品によっては、リアル店舗の重要性は依然として残ります。「実物を見てみたい」とか、「触ってみたい」といった要望はなくならないからです。そこで、ネットとリアル店舗の役割分担を上手に組み合わせることが重要にもなります。
　たとえばヨドバシカメラでは、リアル店舗で商品を実際に触って、目で確かめ、購買はヨドバシ・ドット・コムというネット経由で行ない、配送は宅配業者、決済はヨドバシのカードで行なうという、一連の顧客接点での販売・物流業務のプロセス設計がされています。
　顧客の「実物を見たい」という要望をリアル店舗で叶え、購買・配送・決済は、ネット経由で行なうという役割分担をもたせているのです。

■ オムニチャンネルと今後の動向

　前述の通り、欧米では、小売りの1チャネルとして「オムニチャンネル」が台頭しています。

　オムニチャンネルは、量販店がそのままネット化したようなもので、ネット上のカタログを見て、消費者が発注します。オムニチャンネルは消費者からの受注を受けて、メーカーに発注します。消費者はメーカーから直送を受け、決済はオムニチャンネルになります。

　オムニチャンネルは在庫を持ちません。消費者の購買ポータルの役割を担うだけで、在庫リスクをもたないのです。メーカーにとっては販売チャネルの1つになりますが、通常のリアル店舗と違って、欠品や納期遅れが許されないので、在庫リスクを負わなければなりません。

　日本ではなかなか進展しないオムニチャンネルですが、米国のように国土が広く、買い物が面倒な場合、わざわざ店舗に出向かなくて済むオムニチャンネルが拡大しています。その分、メーカーが大変になりますが、最終顧客の志向とネットの発展から対応を迫られるでしょう。

　B2Cビジネスは、インターネットの発展もあってチャネルが多様化しています。顧客接点を上手に設計し、利用した企業が発展していきます。販売・物流管理として、処理の効率化ばかりに目を奪われず、ビジネスモデルの変革に適切に対応していかなければならないでしょう。

Column

IoTが生み出す新たな顧客接点とビジネス変革

◆「モノのインターネット化」によりあらゆる情報がインターネットに

インターネットの発展により、あらゆる情報がネットとつながり、蓄積されてきています。今までのビジネスでは、金融情報・商取引情報・商品情報といったネットに親和性が高い情報が蓄積されていました。

今は、センサーから収集した情報を蓄積できるようになり、そのデータの解析結果によるアクションが可能になったり、ロボットによる処理が可能になったりし始めています。まだまだこれからですが、出荷から配送までの温度や湿度、作業内容、作業者名、作業時間などが蓄積されることでトレーサビリティが自動化されたり、作業実績が収集されて人員の稼働状況や出来高、品質などの生産情報収集が自動化される可能性が現実のものとなりつつあります。トレーサビリティや効率化、コストダウンなどの改善に貢献することでしょう。

◆IoTが販売・物流管理に及ぼす影響

こうしたIoTは、販売・物流管理にも大きな影響を及ぼすでしょう。その範囲は拡大し、上記のようなトレーサビリティや改善だけでなく、顧客接点を変革していく可能性があります。

たとえば、住宅がIoTによって情報収集の場になったとしましょう。湯沸かし器やコンロ、換気扇などの故障情報がインターネット経由で保守センターに送信されたら、即、技術者が出向いて修理を行なうことが可能になるでしょう。定期点検もしたうえで、稼働状況から老朽化したと想定できれば、事前交換によって生活に支障を与えないようにできるかもしれません。これは一例ですが、生活に関わる情報がそのままビジネス情報になって、仕事に結びつくのです。

健康に関わる情報、乗用車の運転情報、視聴しているTVの情報、冷蔵庫の在庫情報などの情報もネットに乗ることで、企業の販売・物流管理にフィードバックされ、企業活動に活かされていくことでしょう。まさにSFのような世界に、我々は到達しようとしているのです。

第**4**章

組織横断の
計画マネジメントこそが
収益を生む

4-1 「必要なモノを必要なタイミングで必要な量だけ」届けるために必要な計画業務

考慮すべき制約とリスクを押さえて組織横断で対応する

■ 受注・出荷や受注生産ばかりに注意を向けてはいけない

　ヒト・モノ・カネをコントロールし、顧客を満足させ、収益を最大化するためにもっとも重要な業務は「**計画業務**」です。

　しかし、残念なことに計画業務は軽視されています。販売・物流管理として重視すべきにもかかわらず、多くの人にとって重要なこととして思い浮かばないようです。

　販売・物流管理として、多くの人が重要事項として思い浮かべるのが「短時間の配送」です。受注して短時間で届けることが重要なこととして、業務改善が重ねられます。さらに生産までさかのぼって、受注してから生産までの「リードタイムの最短化」が目指されます。

　受注・出荷や受注生産に関係する議論では、「時間の短縮、リードタイムの短縮」ばかりが議論にのぼるのです。

　しかし、受注・出荷を短時間でこなすためには、**在庫や生産能力が計画的に準備されなければならない**という前提条件があります。前提条件が成立してはじめて、受注・出荷リードタイムの短縮が議論できるのですが、そうした前提条件を成り立たせる業務が計画業務です。計画的に在庫を用意するから出荷でき、計画的に生産能力が準備されているから生産ができるのです。計画業務は、受注・出荷のように伝票が流れて、誰の目で見てもわかりやすい業務ではなく、抽象的でわかりにくいため、議論の俎上に乗りにくいのです。

　しかし、受注・出荷をきちんとこなそうとすれば、計画的に準備されていなければなりません。欠品なく、かつ、過剰在庫にならずに受注・出荷を粛々とこなすために、受注前に計画的に準備を整えておくことが必須です。計画業務をきちんと行なっておくことが重要なのです。

また、製造業では「うちは受注生産だ」と言う企業がたくさんあります。実際には、顧客の要求リードタイムを満たすために一部見込生産をしていたり、確実に部材を事前準備していたりすることが多いのですが、そのような実態を見ずに、「受注生産である」と思い込んでいる企業が多いのです。

　こうした企業では、計画的に対応しているにもかかわらず、計画業務がないがしろにされていて、「いつもバタバタとした仕事の仕方でしのぐ」といったことが常態化しています。

　また、営業からの指示で工場が生産するので「受注生産だ」と言ったり、連結子会社の販社からの注文で生産するので「受注生産だ」と言ったり、視野の狭い中で、受注生産だと認識されている場合もあります。実態は、営業倉庫や販社に製品在庫があって、受注生産ではないにもかかわらず、「うちは受注生産だ」と言うのです。

　そもそも見込生産なのに受注生産と認識していては、問題の定義や解決方法を誤ります。実際、解決策を誤り、まったく事態が改善しない企業がたくさん存在します。受注・出荷の迅速性が重要なのではなく、事前準備としての計画業務の良否が重要なのです。

SCMはほとんどの企業ができていない

　計画業務に対する認識の低さから、日本企業は非常に効率の悪い運用形態になっています。高コストで、硬直的で、ムダなことがたくさん行なわれています。ドタバタと問題を事後解決するのが業務だと勘違いしているのです。

　それを「個別組織」で解決しようとします。視野が狭く、個別組織の作業レベルでの効率化で乗り切ろうとするので、全体で見るとかえって非効率で、競争力がなくなっているのです。

　こうした状況を解決すべく、2000年前後に「サプライチェーンマネジメント（以下、SCM）」というコンセプトが日本に紹介されました。

　多くの企業が飛びつきましたが、ほとんどのケースでは結局、何もよくなっていません。相変わらず個別作業の改善レベルにしか手がついて

おらず、企業全体を見渡してみると、依然として非効率な仕事が残存しているのです。個別組織の取り組みしかしていないため、SCMなどを実現できるレベルに到達していないのです。

　上場企業といえども、その多くで、いまだに販社の販売計画・在庫計画・仕入計画などが可視化できていません。旧来通り、「営業からの注文がなければ作らない」とか、「工場が勝手に生産する」とか、文句を言っている会社が多いものです。

　SCMなどできていないのです。そのため、大量の滞留在庫と欠品を抱え、緊急対応が日常業務になっていて、モグラたたきのような仕事が仕事だと思い込んでいるわけです。組織全体を見渡して、計画的に手を打っていこうというSCMなど、夢のまた夢といった状況です。

■■ 個別最適・全体崩壊が日常化する企業

　グローバル化が進展し、販売拠点と製造拠点が世界中に分散したのですから、組織横断で考え、「企業全体、グループ全体で売上・利益を最大化するために、各組織はどう動くべきか」を高い視点で判断する必要があるのは明白です。

　しかし、相変わらず仕事の視野は個別組織、評価も個別組織、実現すべき成果指標の設定も個別組織となっていて、誰も全体を見て意思決定していません。せいぜい、結果としての会計数値を見て安心するか、騒ぐかしたうえで、「来月どうなる、これで今年度大丈夫か？　何とかしろ」と言うだけで、対処療法が関の山です。

　多くの会社では、営業と生産がお互いを責め合っています。営業は「納期に間に合わないのは生産のせいだ」と言い、生産は「営業のいい加減な注文でモノが作れなくなっているのだ」と言い、対立しているシーンは製造業では日常的な風景です。

　1つの会社として最適な組織連携を指向するのではなく、所属組織の利害で対立していて、何年経っても問題が解決されません。それもそのはずで、**販売予測・計画のリスクの許容幅を合意し、サプライチェーン上の生産能力・部材調達上限・リードタイムといった制約を考慮して、**

需要と供給を整合させるという、根本的な問題解決を行なっていないからです。

　こうした高い判断と意思決定が必要であるのに、作業者の人的問題にすり替え、無理を通して解決しようとするから何も解決しないのです。**需給上の問題解決は、組織横断で計画的に行なわない限り解決しません。**しかし、誰も組織横断での解決をしようとしないのです。

　このような状況はあり得ないと驚くかもしれませんが、残念ながら、組織に属してしまうと、人はその立場で物事をながめ、所属組織の利害に則って考えるのです。それで、解決が困難になります。

　高い視野で、組織横断で考えたとき、「全体で利益を取るにはどうしたらよいか」を考えるには、一段次元の高い計画対応をしなければなりません。

■■ 計画業務に精通した人員の不足、制約条件に対する理解不足

　リスクや根本原因や制約条件に気づいても、事情によっては即対応できない場合もあります。

　問題に気づいているだけまだ救いがあるかもしれませんが、製造業の直面する事態は、予想外に深刻なケースがあります。製造業なのに、重要な制約条件に気づかない場合です。

　製造業が生産能力、部材調達上限やリードタイムといった制約を考慮して確実に生産・調達するためには、計画的に対応していかなければなりません。

　しかし、企業全体が計画を軽視している場合、とにかく生産や調達を指示してしまい、問題が起きたあとで調整しようとすることが多くあります。"見切り発車"です。問題が起きてから、人手で何とかしようという考え方です。

　しかし、こうした「"見切り発車"で、あとで何とかする」やり方は、調整に調整が重なり、限りなくコスト高になります。品質にも影響が出ますし、要求納期にも応えられないことがあります。無理をすればするほど、QCDに悪影響が出るのです。

また、こうした「"見切り発車"で、あとで何とかする」対応が続くと社員も疲弊し、利益が出なくなっていきます。サプライヤーからも愛想を尽かされ、顧客満足も低下します。

　私の知るある企業では、日常的に計画変更を行ない、使われない部材の山になっています。そのうえ、生産ラインも切り替えが頻発し、稼働が低いにもかかわらず残業の山です。納期回答もまともにできないし、納期遅れは日常茶飯事という状況が数年続いていました。

　結局、生産に指示をかける営業部門は、確認もせずに工場に指示を出すばかり、また、工場は日々変わる指示に常にバタバタしているだけで、高コスト製造と納期遅れが日常化したのです。

　しかし、工場だけではどうしようもありません。工場が悲鳴を上げても誰も対応しません。計画的な事前対応を行なうという考えはありませんでした。この企業は、今は存在しません。解散させられました。

　今から数十年前は、社員が製造業としての制約条件を理解していたので、計画対応していましたし、事前にすり合わせをしながら生産し、在庫し、出荷していました。しかし、最近は生産の事情を理解せず、制約条件を無視してゴリ押しする人が増えたのです。生産できない場合は生産が悪者扱いされ、部門間での言い争いになったのです。

■■ 確実な供給をするために組織横断の計画業務が重要

　製造や調達には、必ず制約があります。生産能力、部材の調達状況、作業者のスキル、出勤状況などです。

　物流の制約も考えなければなりません。船便が週1便しかない、あるいは、輸送能力に限度があるといった輸送能力制約や、港湾ストなどのトラブル情報の確認もしなければなりません。

　計画を立てて、考慮すべき制約と考えられるリスクを計画段階で知って、組織横断で事前対処するほうが、正しい対応が可能になるのです。組織横断での計画業務が、カギを握っています。

　計画業務を再構築すべき企業が多くあります。この章では、次項より計画業務のフレームワークと構築のキモについて説明していきます。

4-2 プライシングの基礎になる中長期計画を明確にする

中長期計画の販売計画が投資と原価を決める

■ 計画のスタートは中長期計画から始まる

　計画業務のスタートは、「**中長期計画**」です。中長期計画は企業によりますが、**3年から5年の期間**を立案します。長期的な市場の読み、獲りたいシェア、新製品の開発計画、企業買収や合弁などを下敷きに、通常は拡大計画を立てていきます。

　新販社の設立や工場建設、新販路開拓、倉庫建設、新規採用などの投資案件の計画も立案します。長期的な資金需要を見極め、売上・利益から確保できるキャッシュでは不足する場合、借入れや新株発行などによるファイナンスの計画も立てなければなりません。

　中長期計画は、企業の今後のかじ取りを決める航海図となるので重要です。そうはいっても、先のことはさほど精緻に計画できませんから、金額ベースでざっくりと決めておくというのが一般的です。

■ 中長期計画の直近1年が、販売予算と生産予算となる

　中長期計画の直近1年間は、計画の実行予算となります。

　直近1年なので、それなりの精度で立案されます。販売予算が立てられ、それを受けて生産予算が立てられます。生産計画から調達計画が立てられ、併せて年間の人員計画と投資予算が立てられます。さらに費用予算が立案され、合算されて企業の予算となります。予算の詳細の立案方法は企業ごとに変わりますが、大まかな流れはこのようになります。

　予算は、年間の目標にもなる重要な計画です。予算達成しないと、計画された投資ができなかったり、すでに計画された経費がまかないきれずに赤字になったりと、企業活動の資金的な枠組みを決める重要な約束事になるのです。予算は約束事ですから、目標であるだけでなく、制約にもなります。予算以上の投資はそう簡単に承認されませんし、予算で

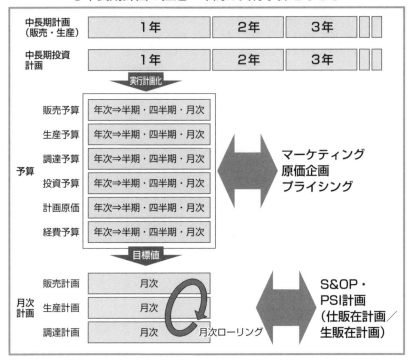

計画された人員以上に短期で採用するのは難しいのです。

　最近の変化のスピードに対して、年間での予算の制約が足かせになり、俊敏な対応ができないという批判があったり、あるいは、計画に依存しすぎて硬直化するといった批判はあります。しかし、先読みした手を打っていくためには、よりどころとなる予算がなければ基準もなくなりますから、やはり企業には予算という計画が必要なのです。

■■ 新製品開発計画と商談を顧慮し、マーケティング計画を反映

　予算は直近1年の計画で、それなりの精緻さを要求されるとはいえ、やはり読みにくいこともたくさんあります。

　継続品を何年も続けて売っているのであれば読みやすいでしょうが、新製品の開発によって新規製品が出てくる場合、その販売の予測は簡単ではありません。類似製品の過去実績を参考にしたり、市場規模からシ

ェアを予想して販売数や金額を予想したりと、不確実なものから計画を立てなければなりません。

　商談管理が行なわれている企業でも、先の商談を獲得できるかどうかは読めないものです。仮に、緻密な商談管理をしていたとしても、1年後の商談の獲得可能性や、売上にふくめていい金額の多寡は読みにくいものです。ここは、ざっくりといくしかないのです。

　まして、開発計画がないにもかかわらず、事業として新規ビジネスがある場合、その販売計画を営業部門が立案するのは困難です。こうした場合は、マーケティング部門や事業企画部門が、追加の販売計画を立案することになります。

　販売計画は、営業部門の約束事になります。年間を通して実現しなければならない売上目標なのです。しかし、マーケティング部門や事業企画部門が立案した販売計画は、予算立案時にはまだどの営業部門にも割りあてられていない場合があります。この中に浮いた販売予算がのちのち問題になり、いつも予算達成しないといった原因になることもあります。

　いずれにせよ、販売予算は直近の計画なのでそれなりの精度を求められるとはいえ、100％の精緻さは無理ですから、「どこまで力を入れて、時間を使うのか」の判断が必要です。営業部門にとって、予算立案にあまりに時間を取られるのは本来業務である営業活動の妨げになりますから、「精度をどこまで追求するのか」という判断をきちんとしておかないと、限りなく無意味な精度追求になりかねません。注意が必要です。

■■ 金額ベースの計画と数量ベースの計画の整合

　営業にとって重要なのは、売上目標を設定し、達成することです。たいていの場合、目標は金額であって、「どの製品を、どれほど売るべきか」という個別製品の数量までは気にしていないことが多いものです。

　しかし、販売計画を受けた生産部門や調達部門は、個別製品の数量がわからないと計画が立てられません。したがって、**どこかで個別製品の計画に変換しなければなりません。**

　営業部門が最初から個別製品での金額計画を立ててくれれば、単価の

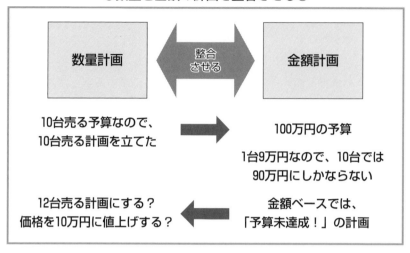

設定をどうするかという取り決めがあれば、金額を単価で割って数量に変換できます。しかし、個別製品の売上ではなく、製品を合算した金額計画しかない場合は、計画を個別製品に変換し、さらに数量に変換しなければなりません。

個別製品単位・数量単位への変換をどの部門が行なうかという業務上の取り決めに関しては、特に標準があるわけではありません。各企業が、それぞれの合理性で決めるべきです。

ただし、どの組織が変換を担ったとしても、組織横断で単品・数量での販売計画を確認し、合意しておく必要があります。そうでないと、問題が起きたときに、「どこかの組織が勝手に作り変えた計画だ」と言って、無意味な他責・非難が始まるからです。

■■ 販売予算と設備投資等の計画が、原価と価格を決める

販売予算から必要な生産数量が計算され、それに基づく生産能力や必要な原材料の調達数量が計算されてきます。必要な生産能力に対して必要な設備投資、人員計画が計画され、調達数量から調達計画が立案されます。設備の償却費や人件費、その他工場経費が見積もられ、調達価格や見積もり原価が計算されます。

原価が決まれば価格が計算でき、利益確保のための設定がされます。しかし、現在では、積み上げ型の原価設定による価格設定では競争力がなくなるため、目指すべき販売価格と目標利益に対して費用や原価が高止まりする場合は、予算上のコストダウン指示や原価低減を行なう「**原価企画**」への原価低減の再指示が行なわれます。

予算は、単に組織単位の予算を作るだけではなく、製品単位の単価設定、利益計画、原価設定も行なうのです。

■■ 中長期計画と予算がプライシングを制約する

投資計画と原価設定により、価格を決定するためのベースとなる金額が出てきます。「**見積もり原価**」です。製品1単位あたりの計画原価が計算され、そこに販管費が乗せられ、営業利益が取れる価格を決めることができるようになります。ざっくりとした説明ですが、これが積み上げ式の価格設定、積み上げ型の「**プライシング**」です。

逆算型（原価企画型）のプライシングでは、市場価格から逆算して粗利を計算し、製造原価が高くて粗利が取れない場合は原価低減・原価企画を検討し、コストダウンを考えます。かけられる販管費を確認したうえで、販管費のコストダウンも検討します。

積み上げ型でも逆算型でも、中長期計画や予算で検討された計画原価をベースに、つけることが可能な価格と取りたい利益のバランスを調整するのが、プライシング調整になるのです。価格では市場や顧客が制約条件ですが、原価ではヒト・モノ・カネの計画が制約です。

市場の制約として売価を自由に変えることは困難ですが、**自社内で計画する原価は、計画によってコントロールできます**。計画業務は単に投資やリソースの準備だけでなく、原価を決めることになり、プライシングの制約にもなるので、重要な業務なのです。

■■ とはいえ、ざっくりベースの予算が合理的である場合も

しかし、予算をあまりに詳細に作っても、実際の実行段階で完璧に予算通りに行なえるわけではありません。そうであるならば、予算はあるレベルの詳細度で立案し、実行段階で目標"枠"として置いておくとい

うのが普通です。

　たとえば、個別製品で予算設定をせずに、製品シリーズで予算設定しておき、期中は個別製品の数量・金額を集計し、製品シリーズ予算と対比するといった方法です。販売も生産・調達も、製品シリーズレベルで予算を作る程度の詳細度で抑え、予算"枠"として達成すべき数値、守るべき上限数値として予算を扱うのです。

　原価については「目標原価」、または「標準原価」として置いて、実際の原価との差異を追います。精緻に計画原価を作っても、実際原価は計画原価と差が出るのは当然ですから、統制"枠"となる原価設定ができればよしとし、何が何でも極端に精緻化する必要性はないでしょう。

　ざっくりとした予算のほうが、期中の状況変化に柔軟に対応できる場合もあり、ムダに詳細化するために工数を使わずに済むという点で合理的な場合もあります。もちろん、設備制約や高価な原材料に関わる計画が必要な場合には詳細な計画が有用ですが、その辺は判断が必要なところです。判断し、定義すべき項目ですから、企業方針と制約条件から、適正な予算立案方法を常に考えておく必要があります。

■■ 予算は月次分解して、月次計画としてローリングする

　予算が確定したら、今度は予算通りに計画を進めるために**月次に分解**し、**毎月修正**します。実績を見て、先々の計画を見直し続けるのです。これを「**計画ローリング**」と言います。

　月次計画では、予算で作った計画を毎月各組織で見直し、調整をかけていきます。月次計画も、組織横断で見直します。

　販売計画にリスクはあるのか、その販売計画を満たすために用意された製品在庫や生産能力、部材の調達、輸送の能力に制約があるのかどうか、制約があるならどう対処すべきかを検討します。月次計画も金額と数量の両方でチェックし、財務数値と経営に与えるインパクトを把握して、意思決定しなければなりません。"枠"としての予算を年度内に達成できるかどうかを見極め、アクションしていくのが月次計画なのです。

　月次計画は非常に重要で、企業の収益を作っていくための骨格になります。以降、月次計画を順序立てて説明していきます。

4-3 需要予測から販売計画を立案する

需要予測の種類と立て方、販売計画との違いを明確にすべし

■■ 販売計画の立案方法としての需要予測

　販売計画を立案するときは、中長期計画・予算でも、月次販売計画でも、常に未来の販売ボリュームを予想しなければなりません。

　予想と言えば、「需要予測」という言葉が使われますが、需要予測にはいくつかの方法があります。「**統計的需要予測**」と「**人的需要予測**」です。

　「統計的需要予測」は、統計予測モデルを使っての予測となります。統計モデルの式はほとんど公開されていますので、どの統計モデルが自社の販売計画に適合しているのかを見極めて選択する必要があります。

　統計的需要予測だから正確な予測ができるかというと、必ずしもそうではありません。そもそも、販売実績にはさまざまな実績上の特殊事象があり、こうした実績が予測を歪めます。

　また、過去の実績も、統計的に試算できるだけの実績サンプル数を提供できるほどの数はありませんから、統計としてはそれなりの精度になります。

　したがって、統計予測だからといって劇的に予測精度が上がるわけではないのです。しかも、かえって運用が大変になったり、統計知識がない場合には重荷になったりします。

　また、精度が悪いと、統計予測値を人間が確認して、必要に応じて修正する事態が常態化し、統計予測に意味がなくなってしまいます。どうせ全部見直して人が修正するなら、人が予測したほうが楽だという議論になります。その割には、統計予測システムの導入は高額になります。

　統計予測の採用可否は、「統計予測が精緻だ」などと盲目的に思い込まず、コストメリットも考えて、合理的な判断に基づいて採用を検討す

べきです。

　一方、リーズナブルでそれなりの精度なら、人間が予測する「人的需要予測」も十分に使えます。実際、ほとんどの企業では人的需要予測に基づき、予測を行なっています。「勘と経験と度胸」の予測も捨てたものではないのです。欠点は、予測のロジックが属人化してブラックボックスになり、改善が難しい点です。

　しかし、予測精度をチェックし、評価・フィードバックをしながら運用していくならば、十分に合理的である場合もあります。

　人的需要予測を選ぶ場合には、ブラックボックス化して検証が難しいので、常に予測精度をチェックし、精度に注意を払っておくことが重要です。

■■ 顧客が内示や購入予定開示をしてくれる場合の販売計画

　B2Bビジネスでは、取引が長い顧客の場合、顧客が内示（顧客内示）や購入予定を開示してくれることがあります。**内示や購入予定が開示されている場合には、この数字を販売計画にする選択肢があります。**

　本来、内示や購入予定は、顧客側も購入を確実にするために開示するものですが、場合によっては、サプライヤーに対し、供給を義務づけるものにもなり得ます。

　「内示」の場合は引き取り責任が生じますから、内示を取得したら、通常の場合は確実に購入されるので、販売を見込んで事前に生産・調達をしたりして、在庫準備をしておいてもリスクは少ないでしょう。

　ただし、引き取り責任があるとはいっても、常にローリングによって内示が変更されるケースもあり、最終的に残った製品に関しての引き取りをどうするかについては、取り決めておくべきでしょう。

　また、顧客仕様の特別な部品や原材料を使う場合は、顧客仕様部品・原材料での引き取りも合意しておかなければなりません。そうしないと、一方的にリスクを押しつけられます。

　「購入予定」は予定という言葉通り、引き取り責任をもたない、あくまで"予定"として開示されます。しかし、供給確保をしたい顧客側に

◎需要予測の方法◎

統計的需要予測	統計モデルを使って予測 ・モデル化（フィッティング） ・モデルのメンテナンス ・ノイズの排除 利点：改善可能、合理化 欠点：運用コスト高、高度
人的需要予測	人間が"えいや"で予測 ・勘と経験と度胸 利点：安上がり、簡易 欠点：改善困難、属人化
顧客内示	顧客の内示の利用 利点：安上がり、簡易 欠点：リスク

開示する理由があるのですから、それなりに関係性を強化するような業務プロセスを構築しておくべきです。

具体的に言うと、一方的に予定を開示されるのではなく、両者のマネジメント層同士で予定といえども年間取引量の"枠"として合意しておき、変更時も、お互いのマネジメント同士が経営的なインパクトを考慮しながら交渉できる素地を作っておくものです。

■■ 販売計画と需要予測は違いをきちんと定義する

多くの企業では、「販売計画」と「需要予測」が明確な定義もなく使われています。

また、「フォーキャスト」という言葉を使って、その言葉の意味が、「単なる成り行きの予測なのか」「売る意思のある販売必達計画なのか」「それとも単なる目標なのか」などを明示することなく、非常に曖昧に使われるケースがあります。言葉は明確に定義して使うべきです。

本書では以下のように定義しましょう。予測はあくまで予測、未来の推定であって、そこに意思はありません。「予測」には意思がなく、成り行きや実勢、過去の影響から未来を推定するなどの意味合いが強く、そこに意思が込められているわけではありません。あくまで、ビジネス的な手を何も打たないときに、成り行きで実現する推定なのです。
　○○計画という言葉にある「計画」という単語には、意思が込められています。意図して見積もり、達成責任をもった数字になるのが計画です。計画は人の意思の入った達成すべき数値で、計画通りに達成する義務が生じるのです。
　つまり、**需要予測やフォーキャストは「予測」であって、そこに意思はなく、販売計画は達成責任と達成すべきという「意思をもった数値」**になります。予測には責任はなく、計画には責任がともないます。
　したがって、需要予測に対し、キャンペーンやリベートといったビジネス上の施策を打ったうえで、意思をもって達成すべき数値が販売計画になります。
　企業ですから、予測に基づいて行動するのではなく、計画に基づいて達成責任をもった目標数値に向かって、意図をもった活動を行なうのです。
　「予測があたらない」と言う企業は多くありますが、そうではなく、**計画通りに売っていくという能動的な姿勢と実際の活動が必要**なのです。

■■ 顧客と共同で販売計画を立案する

　販売・物流管理における販売計画は、生産や調達を準備するための最初のステップになりますが、顧客関係を考えると、**顧客との計画合意の接点**にもなります。
　顧客と一緒に自社の販売計画を立て、自社の売上を最大化するような活動ができれば成果も大きいでしょう。顧客と共同で、自社の販売計画を立案できるところまで関係性を強化するというのも、1つの方策です。
　実際に自社が供給する製品が強みをもっている場合は、特に顧客との共同計画の可能性が高くなります。販売計画の達成確度の向上とリスク低減をあわせて考慮できるのであれば、共同計画が可能になるようにが

◎需要予測と販売計画◎

需要予測 (フォーキャスト)	過去の延長や各種要素による推定で合って、意志のない数値	「予測があたる、あたらない」ではなく、

販売計画	達成責任のある数値で、意志のある数値	「計画通りに売っていく」が正しい

需要予測と販売計画は違う。きちんと定義して使うべし。

んばる意味はあるでしょう。

　ただし、一方的に顧客側の要望を丸呑みするような要求がある場合は、パートナーシップにもなりませんし、リスクを押しつけられるだけになるので注意が必要です。あくまでも、顧客とのパートナーシップを組みながらの共同計画です。そうでないなら、共同計画は取り結ばないほうがよいかもしれません。

　顧客から内示がある場合、共同計画化することも可能です。内示がすり合わせ型で、顧客と調整しながら合意できるなら理想的です。

　しかし、内示が顧客都合でしか反映されないのであれば、それは共同計画ではなく、下請けサプライヤーとしての扱いです。それでも、内示がある分、リスク対応できますから悪くはありませんが、一方的に内示が開示されるだけなら、パートナーとして共同して計画するところまではいっていません。

　「お客様は神様」ではありません。あくまでも対等の立場で、パートナーシップが維持できない場合は、無理をする必要はありません。場合によっては、顧客を選別することも重要なのです。

4-4 商談管理と連動した販売計画の立案が今後重要になる

曖昧だった商談プロセスを科学的に管理する

■ B2Bでは商談プロセスを定義し、管理すべし

　B2Bビジネスの場合、顧客との商談があります。商談の進捗具合によって生産や調達の準備をしなければなりませんし、販売予算の達成見込みへの影響も検証しなければなりません。

　日本の多くの企業では、商談のプロセスが今まで曖昧にされてきました。商談プロセスは曖昧なままのほうが、都合がよかったのです。

　曖昧なままのほうが、案件が獲得できた理由について合理的な分析をしなくとも、営業マンの個人的な勘と経験を重視されるので、もち上げてもらえます。

　未達成のときにも原因が検証できず、顧客都合や他責にできるので、組織の利害や責任逃れに使えるのです。情報を秘匿しておけば、他部門を動かしやすいという利点もあります。「顧客がそう言っている」というのは、組織を動かすときの常套句です。

　しかし、これではいつまで経っても属人化を逃れず、改善も可視化もできません。何年も昔ながらの個人営業、組織内の恣意的情報操作となって、企業体としての標準化も統制も困難です。

　商談のプロセスは、誰がやっても同じプロセスを踏むように定義できます。たとえば、「引合い→説明・協議→仕様決定→見積もり→内示→受注・契約」といった具合です。前述の通り、こうした商談のプロセスを「ステージ」と言います。

　最初の引合いステージというのは、まだ問い合わせの段階です。顧客が探索の過程で、顧客の要件を満たすことができるかどうかを見極めている段階です。売上に結びつく確率はまだ低いでしょう。

　次の説明・協議ステージは、いったん取引候補にあがった段階です。

顧客の要件が伝えられ、仕様検討や初期見積もりを作る段階に進むことができます。受注の可能性が出てきた段階です。

仕様決定ステージは、顧客仕様が具体化し、見積もりができる段階です。もちろん、業界によっては受注後に詳細な要件定義、見積もりが求められる場合もありますから、この段階での仕様確定の詳細度は、属しているビジネスの状況に依存します。

システムやエンジニアリングが関わる業界では、受注後、正式に要件定義が始まるでしょう。一方、製品を組み合わせて出荷するような場合は、ここで仕様が固まり、見積もり後に受注生産、出荷、売上となります。

見積もりステージは、製品やサービスの金額見積もりを出す段階です。この段階では、コンペが続いていたり、価格交渉があったりと、まだ受注が確定するとは言えません。

内示ステージは、顧客との仕様と見積もりが合意された時点です。ここまでくると、このあとに契約書作成や検収・支払条件などの交渉が残されているだけで、限りなく受注確度が高くなります。ただし、発注書をもらうまで、契約書を取り交わすまでは何があるかわかりませんから、確定受注ではありません。

受注・契約ステージは、発注書を取得したか、契約書を取り交わしたかの段階です。ここまでくれば、法的にもビジネスが成立しています。

さて、商談はここで終わりますが、このあとは「注残管理」となります。売上が上がるまでのプロセス管理に入ります。

商談プロセスは、大まかに言ってどの業界でも上記のような流れです。もちろん、業界によって相違はあり得ますが、少なくとも自社の商談プロセスは定義できます。

■■ 商談獲得見込みと将来売上・利益見込みをチェックする

商談プロセスが設定できれば、営業マンや組織個々の商談進捗状況と売上見込みが把握できるようになります。

たとえば、営業マンAは現在、各商談ステージの商談を何件もっていて、それぞれの売上見込みボリュームはどれくらいで、今期中に刈りと

れそうな商談がどれくらいあるのか、把握できます。

　商談が進捗せず、滞っている場合にも理由が聞けますし、失注した商談や消滅した商談の理由も聞くことができます。特に、失注した場合の理由を蓄積できれば、将来、受注確率を上げるための改善にも役立ちます。

　商談プロセス管理は、未来の受注・売上の見込みを把握することを可能にします。前述の通り、この商談プロセスの流れを「パイプライン」と言うのです。あたかも、商談がパイプラインの中を流れて、最後は受注という蛇口から流れ出てくるようなイメージです。商談プロセスは売上を導き出す重要な流れ、セールスパイプラインなのです。

　パイプラインが満たされていて、将来も潤沢な受注と売上の見込みがあると安泰です。一方、商談が枯渇し、ステージも進捗せず、敗戦が続くとセールスパイプラインが細り、企業の収益性がかげってきます。

　商談プロセスの進捗管理によって、受注・売上見込みを把握し、商談が不足している場合には、商談を増やすような営業的なアクションができます。営業努力をしたとしても、明らかに商談が減り、受注見込みが減ることがわかれば、早期にコストダウンを手がける契機にもなります。

　商談管理は未来の状況を読んで、未来に手を打つための重要、かつ、必須の管理なのです。

　今まで日本企業は商談管理をせず、商談プロセスを曖昧にしてきたため、自社の営業が強いのか、弱いのかがわかりません。

　いまだに、声の大きな営業マンの独壇場のような営業現場もあります。気合だけで攻めていては、成熟化した世界やグローバル化した世界では通用しません。科学的なプロセス管理が必要なのです。

4-5 サプライチェーンマネジメントで、欠品と過剰在庫を避け、在庫を適正化する

統制在庫リストで顧客サービスを上げる

■■ コントロールされた在庫は悪ではない

　顧客に対し、確実にモノを出荷する業務が「**サプライチェーンマネジメント**」です。顧客接点という意味では、単なる情報や交渉のやり取りではなく、実際にモノが届く・届かないということが重要なポイントになります。

　顧客の要求に応えるためには、「必要なモノを、必要なタイミングで、必要な場所に、必要な量だけ、確実に届けること」が必須なのです。まさに、サプライチェーンマネジメントです。

◎サプライチェーンマネジメントの定義◎

> 「必要なモノを、必要なタイミングで、必要な場所に、必要な量だけ」確実に届けるための構想・デザイン、計画、統制、実行の仕組み

　受注生産では、あらかじめ納期を約束して生産して届けますが、見込生産の場合は、受注後、約束した納期にモノを届けます。受注生産では、顧客の要求リードタイムと生産・調達のリードタイムが同じになります。

　一方、顧客の要求リードタイムと生産・調達のリードタイムにギャップがある場合は、見込生産により事前に在庫を準備します。

　見込生産を行なうためには、「予測・計画」が必要です。この予測・計画が外れると欠品・滞留したり、顧客に迷惑をかけたり、自社の資金繰りが悪化したりします。しかし、リードタイムにギャップがある限り、見込生産により在庫を準備せざるを得ないのです。

　過去、資金繰りの悪化を理由に「在庫は悪だ」と言われました。もち

第4章　組織横断の計画マネジメントこそが収益を生む

◎サプライチェーンマネジメントの業務スコープ◎

計画（マネージ業務）	実行（基幹業務）	パフォーマンス評価
サプライチェーンをマネージ&コントロールする計画管理を行なう	サプライチェーン上の実行指示と実行管理を行なう	KPIを定義、見える化し、改善を促進する
中期計画／予算　S&OP／PSI 需要予測／需要計画 在庫計画／仕入計画 生産計画／調達計画 グローバルソーシング	販売（受注／物流／輸出） 生産 調達（発注／物流／輸入）	KPI設定 KPI測定／評価 改善指示
▼	▼	
マネジメント・エクセレンス （確実な収益の実現）	オペレーション・エクセレンス （効率化）	継続的な改善

サプライチェーンデザイン
供給性を担保し、原価低減を実現するサプライチェーンの業務インフラを設計する

新製品開発／設計拠点配置、工程設計、物流設計

▼

永続的なコスト競争力と供給力の担保

S&OP : Sales & Operation Plan, PSI : Purchase/Production, Sales/Ship, Inventory（生販在計画・仕販在計画）, KPI : Key Performance Indicator

---

ろん、不要な在庫は悪ですが、顧客の要求リードタイムと生産・調達のリードタイムにギャップがある限り、在庫を使ってその差を埋めざるを得ません。また、生産・調達に制約があり、欲しいタイミングで欲しい数量が手に入らない場合も、在庫として先行準備しなければなりません。

　在庫が必須になるのであれば、在庫を適正にコントロールできる仕組みを作るしかありません。サプライチェーンマネジメントを確立して、在庫コントロール力を上げ、在庫を適正化し、顧客へ欠品なく、滞りなくモノを届けられるように、管理体制を強化する必要があります。

■ 顧客サービスレベル向上と在庫適正化を同時実現する

　顧客サービスレベル向上と在庫適正化を同時実現するには、第2章で

◎層別配置はサービスレベルとコストの天秤◎

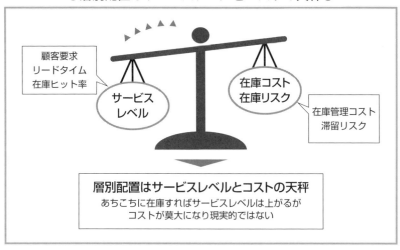

　説明した通り、**在庫を層別して配置する**という方法があります。

　顧客にとって必須の品目は即納できるように、顧客のそばの倉庫に在庫を持ち、即納要求をされない品目は工場近くのセンター倉庫に在庫することで、不必要に在庫を増やさずに、同時に必要なモノは即納できるように配置します。

　前述の通り、こうした層別配置を行なうためには、まず**倉庫を層別定義**します。顧客へ即納をするための「**デポ倉庫**」、デポへの供給を担う「**ディストリビューションセンター（以下、DC）倉庫**」、各DCへの補充を行なう「**センター倉庫**」といった具合です。このように定義された倉庫に対し、在庫を層別して定義します。即納用の顧客近隣デポ配置在庫と地域配送センター配置在庫、センター配置在庫といった具合です。

　各倉庫に入れるべき在庫のリストは、本社や在庫統制機能をもった組織が定義します。先に触れたように、このリストを「**統制在庫リスト（オーソライズドストックリスト）**」と言います。

　多くの企業では、こうした統制在庫リストが存在せず、各階層の倉庫、在庫拠点に無統制に在庫が置かれ、滞留と欠品を引き起こしています。企業として顧客サービスレベルを上げ、同時に在庫適正化を行なうために、統制在庫リストの運用は必須です。

4-6 S&OP/PSI計画の導入は必須

組織横断の計画管理により、経営の意思決定に役立てる

■ 販売計画と生産・調達計画を連動し、利益とキャッシュを計画する

　計画業務は、組織横断で行なわないと意味がありません。販売計画を充たすように生産計画し、調達計画を立てるのです。販売計画を充たすために設備投資を行ない、人を雇うのです。

　しかし、多くの企業では、販売計画と生産・調達計画がうまく連動していません。販売計画は営業部門が立てているだけで、生産部門は「営業の計画は信用できない」とばかりに、別の計画を立てたりしています。こうなると、需要の変動の把握が遅れ、欠品したり、不要な生産を行なうことになりかねません。

　販社や営業部門で過剰な販売計画や在庫計画が作られ、結果的に売れないとなると、キャッシュ不足に陥り、資金繰りに影響が出る恐れもあります。実際、多くの企業では販社が資金不足に陥り、金融機関から緊急融資を受けたり、本社に支援を要求したりしています。販売計画と在庫計画、仕入計画が連動せず、先々の資金繰りを把握していない企業が多いのです。

　また、需要変動があるにもかかわらず、投資機会を逸し、設備能力の増強ができないまま、無理やり人海戦術で残業する企業も多いものです。

　売れるのが確実ならば、設備投資や先行生産をして需要対応できたかもしれませんが、別々に計画を立て、誰も統合して管理しなければ、チャンスを逸するのです。「残業対応をよし」とすると生産コストが上がりますし、その反面、仕事がなくて手待ちになってムダに時間を過ごし、コストをムダにして損失を出したりします。

　企業内の組織は独立で存在するのではなく、顧客に対し、適正納期・適正コストでモノを届け、利益をコントロールするために連携すべきで

す。
　しかし、規模が大きくなるほど、個別組織単位で計画し、利益計画やキャッシュの影響を事前に組織横断的に把握せずに活動する企業が多いのです。
　本来、企業の活動は、仕入れて支払い、作って支払い、売って売上代金を回収してお金を回します。作るためには設備投資をし、人を雇い、在庫が残ってもお金が回るように管理すべきです。
　そのためには、販売計画と生産・調達計画を連動させ、設備投資と人員計画を連動させ、売上と利益と資金繰りの動きを計画的に把握し、アクションすべきなのです。

■■ 組織横断の計画でマネジメントの意思決定を行なう

　組織横断の計画は、「S&OP（Sales & Operation Plan）」と言います。かつて日本では、「製販調整」という製造と販売で計画を共有して、すり合わせのうえ、意思決定をしていました。しかし、俊敏性ばかりを追求し、「システムが自動最適化できる」というおかしなSCM理論を真に受けてしまったため、すり合わせ型の計画を放棄してしまいました。
　多くの日本企業が放棄してしまった製販調整に、数量的な分析・判断だけでなく、金額的な分析・判断を統合して経営的な意思決定を可能にしたのが「S&OP」です。残念ながら、このコンセプトは海外からもち込まれました。
　日本企業としては、かつての製販調整の考え方に金額的な価値判断をもち込めばいいので、本来はわかりやすいはずですが、セクショナリズムが進んでしまった日本企業には、組織横断で統合的に計画立案する経験も機能も欠けているのです。S&OPが理解できず、その導入が難しくなっています。
　また、日本企業の場合は部門ごとに教育が行なわれるため、経営的な視野をもった人材が育っていません。投資や借入れのインパクトといった、資産やファイナンスの知識と製造や販売の知識がないと、S&OPでの意思決定は困難です。
　市場も工場も世界中に広がり、制約条件も複雑になりました。先読み

◎S&OPとは◎

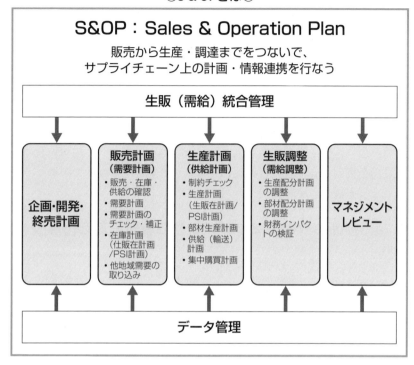

して計画的な対応をしないと生き残れない時代に、「販売だけ」「製造だけ」といった狭い世界で意思決定していては、常に後手に回り、取り残されます。S&OPを導入することが、日本企業には必須になっています。

■■ S&OPは仕販在計画と生販在計画を行ない、経営判断をすること

　S&OPには5つのプロセスがあります。

　最初は、**計画に対する経営意思の注入**です。たとえば、市場への投入計画です。最初に北米市場に、次に欧州市場にといった具合に「発売時期」等を指示します。あるいは、生産数量に制約がある状態で、各市場や顧客へ販売数量を配分しなければならないような場合の配分計画に従った「販売計画の立案指示」などが挙げられます。経営意思に従った計画立案を指示するのです。

　次が、**販売計画を主軸にした仕販在計画（仕入計画・販売計画・在庫**

計画）です。B2Bなら商談を反映しながら、B2Cなら需要予測から販売計画を立案します。販売計画は数量だけでなく、金額に変換して販売予算の達成見込みを確認します。

次に販売計画を反映した在庫計画と仕入計画を立案し、在庫の増減を把握して資金繰りへの影響を判断し、仕入計画を確定します。

3番目は、**仕販在計画を受けた生販在計画（生産計画・販売計画・在庫計画）**です。仕入計画から製造側組織の販売（出荷）計画を立案し、製造側の在庫計画と生産計画を立案します。このとき、キーとなる部材の計画立案と生産能力の過不足を確認し、能力計画として工場の稼働を増減させる操業度計画や人員計画を立案します。

4番目に、**仕販在計画や生産計画に対し、能力制約や部材の制約があって十分な供給ができない場合、調整が行なわれます。**これを「**需給調整**」と言い、納期調整や生産数量の供給配分を行ないます。

最後に、こうした**仕販在計画や生販在計画によって、全体の売上・利益と資金繰りや在庫リスクを把握し、経営陣の承認を得ます。**計画は、まさに経営的なインパクトを与える意思決定になるので、マネジメントクラスの承認が必要なのです。

ちなみに、S&OPとほぼ同等のことが、日本企業で行なわれていることがあります。「**PSI計画**」と呼ばれるものです。PSIはPurchase/Sales/Inventoryの略で、仕販在計画を指します。また、PSIがProduction/Sales/Inventoryの略の場合は、生販在計画を指します。PSI計画は、S&OPとほぼ同じものと考えていいでしょう。S&OPという言葉が使われる以前では、よくPSI計画という言葉を使っていました。

こうして営業と製造のすり合わせを経ながら、適正な計画を立案し、経営的な意思決定を受けることがS&OPです。

計画的な意思決定が重要になる中で、S&OPの必要性は高まるばかりです。確実な供給を行ない、顧客サービスを高め、同時に在庫リスクを下げ、売上・利益最大化とキャッシュフローコントロールをするために、S&OPの実現は今後ますます重要になるでしょう。

4-7 可視化する計画の範囲を拡大し、計画統制の範囲を定義する

計画でも見えないものは管理できない、見えるものは管理できる

■■ 個別組織しか把握できないと判断を誤る

　計画の可視化範囲は広いほうがいい——。営業組織といえども、計画の把握対象が国内だけでは、判断を誤る可能性があります。

　国内販社を抱える製造業本社で、ムダな生産と在庫を連結子会社に持たせて問題化した例があります。

　本社販売組織が「本社販売計画」しか見ず、販社がどうなろうと無関係に本社販売計画の達成ばかりを考え、年度末に販社に無理やり仕入計画を立てさせていたのです。連結で考えれば、顧客に売れていない限りは売上になりませんが、関係会社間取引しか視野にありませんでした。

　結果的に販社に在庫が残るだけでしたし、生産も無理に年度末に行ない、残業が発生します。翌月は在庫が残って販社からの仕入れが激減し、今度は作るモノがなくなり、操業ロスとなります。毎年、こうしたムダな動きをしていたのです。

　本社販売組織だけを見ていると、「売上が増えてよい」との判断に陥りますが、販社にまで視野を広げると、「在庫が滞留し、顧客に売れているわけではない」ということが見えてきます。売れない在庫を積み上げるために無理な生産をしているとするならば、業績を悪化させかねません。

　これは一例ですが、**可視化する範囲を拡大し、顧客から原材料まで、サプライチェーンを横断した計画と実績の可視化が必要**なのです。そうでないと、個別組織の利益だけで誤った計画判断をしかねませんし、その判断によっては顧客に迷惑をかけたり、ムダで高コストの生産になったりします。可能な限り、影響のある組織を横断して計画情報と実績情報を共有すべきなのです。

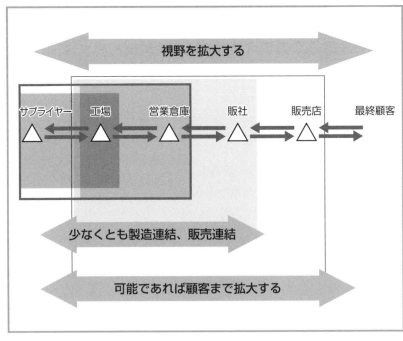

　販売・物流管理として確実に売り上げ、在庫滞留をなくすためには、可視化すべき視野を拡大し、一企業としては少なくとも、販売連結、製造連結の範囲で実績をふくむ計画を可視化すべきです。

　「連結経営が大切だ」と言いながら、多くの企業では会計数値上の連結管理がされている程度です。およそモノに関わる企業では、モノの数値に関わる販売から生産調達までを見通して、モノとカネに関わる計画と実績を可視化して管理すべきです。SCMは、まだまだできていないのです。

4-8 営業組織内部での機能役割定義と分担の必要性

営業マンのミッションに基づき仕事を割り当てる

■ 在庫管理や発注計算まで営業担当に行なわせるかを再検討すべき

　販売・物流管理として、販売と物流を一体で考える必要性を説明してきましたが、その際、**「業務の定義」**をきちんとしたうえで、**誰にその業務を行なわせるべきか、再検討が必要**になることがあります。

　たとえば、営業マンが販売改革からリベート計算、発注計画立案・発注までをこなしているような組織で販売・物流管理の再検討を行なう場合、「果たしてこんなにも多くの仕事を営業マンに行なわせるべきかどうか」が問題になることがあります。

　過去、販売の品種数が少なく、業務が単純だった時代では問題ありませんでしたが、多品種・少量販売が普通になった現代において、10年前や20年前の仕事をそのままにしていることでかえってセールスに割く時間がなくなり、売上向上に時間を使えないことが問題化してきています。

　「営業のミッションは何か」ということを明確に定義せず、何でもやらせていては、本来のミッションがこなせなくなります。もし、営業のミッションが「売上の最大化」であるならば、在庫管理や発注計画などの顧客接点上の仕事ではないことまでを営業マンに任せていては、ミッションが果たせなくなるのです。

　こうした何でも営業に仕事を押しつけ、本来業務を阻害しているのが日本企業の悪いクセです。

　たとえば、私の知る複数の企業では、営業マンに正確な売上見込数字の算出を義務づけています。価格の値引きによる販売数量の増加、その際の利益計算、販売計画数計画の精緻化、在庫管理のほか、欠品しないように発注計画を立てさせているのです。まさに営業が「何でも屋」になっている企業がたくさんあります。

　顧客のところに行って商談するだけでなく、こうした計算業務や在庫

管理、発注計画まで立てていては、営業活動に支障が生じます。それに、本来緻密に計画を立てて発注計画をしなければならないところ、やり切れずにずさんな管理になり、とにかく欠品がこわいので不必要に在庫を持ったりして、滞留在庫を生み出したりするのです。

これでは、売上も達成できず、在庫管理もずさんになり、企業にとってよいことがありません。

まず、考えるべきは、**営業のミッションの再確認を行ない、ミッション達成のために本来行なうべきことをきちんと識別して、役割分担する**ことです。営業のミッションが売上の達成であるならば、時間と知恵を売上達成活動（セールス）活動に集中させ、在庫管理や発注計画などのデリバリー業務は、営業サポートの人員に任せるべきかもしれません。あるいは、SCM部門などの別な組織に任せたほうがよいかもしれません。

また、受注や出荷処理といった作業（オペレーション）業務を営業マンが担っている場合もありますが、売上達成に関係のないこうした仕事は分離して、分担すべきなのです。

■ セールス機能に集中するため、デリバリー機能等を切り離す

営業マンがセールス機能に集中するためには、デリバリー機能やオペレーション機能を切り離して、営業マン以外に仕事を割り当てていくべきです。営業マンは販売計画を立案しますが、その数値を使ってそのまま発注計画を立てないほうがよい場合もあります。計画を精緻に行なうには、発注計画担当を置いて、営業マンとキャンペーンや商談などの情報交換をしながら準備すべき在庫を計画したほうが、よりよい計画を立てられる場合があります。

受注に関しては、今では多くの企業がセールスアシスタントに担わせたり、受注センターに集約したりして、営業の負担を減らしています。

もし、営業マンのミッションが売上の計画通りの達成であるならば、セールス活動とデリバリーやオペレーションの活動は切り離したほうがよいでしょう。こうした明確な仕事の機能定義がされていないと、何でも営業マンに押しつけて、セールスを阻害していることがあるので、きちんと定義すべきなのです。

Column

オムニチャネルで無在庫販売を狙う小売業

◆ネット小売りのバリエーションとしてオムニチャネルが登場

　ネットを通じて新たな売り方のビジネスモデルが登場してきています。前述のオムニチャネルです。オムニチャネルは、あらゆる顧客接点を融合していくというコンセプトの小売りの方法論です。

　オムニチャネルは主にネットとリアルの融合を目指しますが、それだけではありません。あらゆる顧客接点を統合するので、SNSやモバイルを通じた取引、実店舗とネット店舗、カタログといったすべて（Omni）の顧客チャネル（Channel）を連結するのです。しかも、オムニチャネルは単なる取引の多チャネル化にとどまらず、顧客の購買行動を統合して、囲い込んでいきます。たとえば、店舗で製品を確認し、購入はネット店舗で行なうという取引です。この場合、店舗で製品を確かめても、最後は安いネット店舗を探して購入されたのでは、せっかく実店舗をもっていても意味がありません。店舗で触れたら、同じ企業のネット店舗で購入するように購買プロセスを囲い込むのです。

　そのためには、店舗からネットへ、ネットから店舗へと誘導する仕組みを作り、クレジットカードなどの決済上の囲い込み、ポイントによる囲い込みと再訪問などの工夫などにより、必ず顧客が最終購買まで行きつき、また戻ってきて繰り返し買ってくれる仕組みを構築するのです。

　オムニチャネルは、仕組みすべてで顧客の購買行動を囲い込むことです。まさに、販売・物流管理におけるビジネスモデル設計なのです。

◆在庫を製造業に押しつけるオムニチャネルへの対応

　顧客の取引チャネルを統合し、購買プロセスを囲い込んだら、失注しないために在庫が必須になります。しかし、在庫はコストであり、リスクです。もし、売る力が強い小売りになることができれば、自社で在庫を持たず、メーカーからの直送も可能になります。小売りにとっては無在庫が実現しますが、製造業は在庫リスクが増大します。製造業としては、確実な売上実現とコストとリスクを勘案し、連携すべきでしょう。

第5章

受注から届けるまでの競争力を強化する

5-1 納期回答の仕組みを構築する

顧客の要求にいち早く対応することが重要

■■ 目に見える「受注から届けるまで」の競争

　競争が厳しい世の中になり、顧客の要求も厳しくなっています。今までは、ゆるい管理でも何とかなっていた「受注から届けるまで（デリバリー）」の業務プロセスも、競争にさらされています。

　かつては、受注したら供給者の可能な納期で届けることが暗黙の了解でした。供給者の論理が通用したのです。しかし、今では買い手の力が増したため、「受注から届けるまで」の業務レベルが厳しく問われるようになりました。

　また、買い手側が企業の場合のB2BやB2B2Cのビジネスに属している場合、買い手の在庫保持のコスト負担が難しくなり、また、買い手が在庫リスクを嫌い、できるだけ在庫を持たずにビジネスをしたいと考えるようになりました。

　そうなると、「受注から届けるまで」をいかに迅速にできるかを評価のポイントにするようになりました。すぐ届くのであれば、在庫を持たないことも可能だからです。

　同じような製品を扱っている売り手であれば、機能・品質・価格・デザインに大差がなくなってきています。機能・品質・価格・デザインは、差別化要因にならないのです。残るは「受注から届けるまで」、つまりデリバリーの競争です。

■■「受注から届けるまで」のOTD/OTCプロセスを認識すべし

　欧米では、この「受注から届けるまで」を「OTD/OTC：Order to Delivery/Order to Cash」と定義して、受注から配送、受注から現金回収までのプロセスを標準化し、そのプロセスのパフォーマンスチェックを常に行ない、改善ができるように管理しています。

一方、日本企業の多くは、そうしたプロセスの認識がなく、自然発生的な業務と、属人化による雑多な処理を放置してしまっています。高コストで低品質、改善不能な業務を営んでいるのです。

　しかし今、この「受注から届けるまで」のプロセス、OTD/OTCプロセスは競争の源泉の1つになっています。日本の小売業がアマゾンに攻められているように、まさに、このOTD/OTC分野が主戦場の1つなのです。私の知る企業でも、OTD/OTCプロセスを再構築した企業が過当競争を抜け出し、わずか10年ほどで業界最大手に躍り出ています。
　日本企業は、販売・物流管理としてOTD/OTCプロセスを認識し、再定義しなければなりません。いつまでも戦後の自然発生的な業務を続けるのではなく、競争力のあるプロセスを構築する必要があります。

■ まともな納期回答ができない企業がほとんど

　「受注から届けるまで」のOTD/OTCプロセスの最初は、**納期回答**です。厳密に言えば、納期回答は、**顧客が発注する前の納期照会とその回答、受注後の正確な納期回答**があります。
　残念ながら、日本企業の多くは、この両方の納期回答があまりまともにできていません。前述の通り、納期を照会しても、回答までに長い時間がかかります。また、納期を聞いても正確な回答はなく、仮に答えられても納期変更がよく起きます。

　納期回答に時間がかかるのは、納期回答ができる仕組みがないからです。営業が納期照会を受けても、出荷可能な在庫がわからず、あちこちに問い合わせをしながら回答します。在庫がない場合は工場に問い合わせ、工場内でも、尋ねられた製品の生産計画がわからないため、わかる人を探して問い合わせを行ないます。バケツリレーのような伝言ゲームが行なわれ、今度は逆の流れで回答が返ってくるため、時間がかかるのです。
　もし、納期を答えたとしても、今度は生産計画変更や出荷調整、在庫取り合いなどで納期が狂ってきます。こうした状況変化は、営業やまし

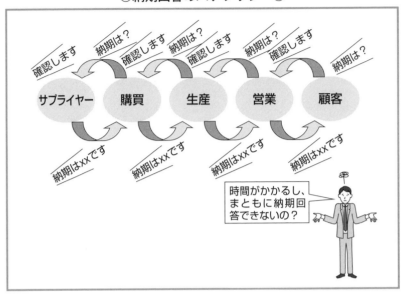

◎納期回答のバケツリレー◎

て顧客にまともに伝えるすべもなく、物流進捗も回答できません。結局、「モノが届かない」と問題になってから騒ぎ出す始末です。

多くの企業は、納期回答のプロセスを定義することもなく、ルールも曖昧なまま、人間が突発対応としてつないでいるだけです。納期回答が、**通常の標準業務プロセスとして定義**されていないのです。標準業務プロセスとして認識していないのですから、もちろん、システムなどあるはずもありません。

■■ 在庫の開示と納期回答の仕組みを構築すべき

顧客は、厳しいビジネス環境の中で競争しています。在庫リスクを抑え、同時に売り逃しをしないように、シビアな管理をしようとしているのです。

供給者側がいち早く対応すれば、それだけで競争力になります。なぜなら、多くの企業はまともに納期回答ができないからです。**速く、正しく納期回答ができるだけで競争力**になるのです。

想像してみてください。納期照会したときに、「明日には着きます」と即答できる企業と、「早ければ明日、そうでないと1週間くらいかかります。通常は1週間を見ていただいたほうが安全かもしれません」と答える企業のどちらから製品を買うでしょうか。

品質と価格に差がなければ、明らかに即答した企業から買うでしょう。在庫の開示と納期回答の仕組みを構築すべきです。

出荷可能在庫を可視化し、調整機能を確立する

納期照会に即答するには、**営業部門から出荷可能在庫が見えるように**なっていなければなりません。単に在庫が見えるだけではだめで、出荷可能かどうかを識別できることが重要です。

出荷可能とは、**在庫があって、誰にも引き当てられていないフリーな状態である**ということです。単に在庫が見えただけでは、その在庫がすでにどこかの顧客向けに引き当てられているかがわかりませんし、誰かが長期的に確保しているかもしれません。フリー在庫かどうかが見えないと、出荷可能かどうかがわからないのです。

また、一応は営業倉庫に入庫されたとしても、検査待ちなどによって出荷可能でないこともあります。こうした在庫ステータスがはっきりわからないと、答えられないのです。

もし、現在時点で在庫がなくても、納期に間に合うように生産計画があって、入庫予定日がわかれば、先日付けの納期に対して納期回答できる場合があります。しかし、生産計画の開示や入庫予定の開示がなければ、答えようがありません。

このように、**出荷可能な在庫ステータスがリアルタイムで、かつ、未来の日付にわたって可視化されていないと、即納期回答できない**のです。

また、もし、納期回答しても、緊急出荷要求などがあって誰かが引き当ててしまって、なくなってしまう場合もあります。こうなると、営業同士で在庫融通しなければトラブルになりますから、そうならないようにするルールか、調整機能が必要です。

前述の通り、ルールや調整機能がないと、"早い者勝ち"になって営

業が在庫確保に走り、在庫があるのに出荷できないという事態が常態化してしまいます。単に在庫を可視化するだけでなく、優先するための納得性の高いルールか調整する機能がないと、納期回答が機能しない事態にもなりかねません。

　調整機能を設置する場合は、営業部門内に設置すべきです。出荷可否は営業の成績に直結するので、営業部門内で売上配分機能権限をもった形で行なわなければ、営業が言うことを聞かなくなるからです。

■■ 納期回答は営業だけではできず、部門を超えた連携が必要

　在庫がある場合ばかりでなく、生産計画に対する調整が必要なケースもあります。

　受注生産型の企業であれば、生産計画変更の要求も生じます。見込生産であっても、製品が欠品した場合や製品在庫がひっ迫した場合には、生産変更を要求することがあります。

　同じことが、仕入商品を売っている場合の商品調達でも起こり得ます。この場合は、仕入業者の納期回答の把握と精度が重要になってきます。

　生産や調達機能がからむ場合には、生産管理部門や購買部門との業務ルールが必要になります。「生産計画や購買発注済みの入庫予定で回答していいのか」「必ず問い合わせをすべきなのか」「調整はどのように行なうのか」といった業務が確立していないと、常に混乱することになりかねません。

　生産や調達機能がからむ場合、営業だけではできませんから、こうした部門との調整方法とルールを定義しておかなければなりません。

5-2 短納期配送が絶対に必要というわけではない

短納期配送競争は、顧客のニーズをとらえているのか再考すべし

■ 短納期対応を再検討する

「短納期競争」が激しくなっています。短納期納入は、強力な武器になるからです。

B2C業界の顧客である消費者で言えば、「思い立ったときにすぐ欲しい」となり、それに応えてくれることが高いサービスになります。

B2BやB2B2Cビジネスでは、在庫を極力少なくしたいので、品薄になったり、在庫が切れたりしたときに即納してくれれば助かります。

このようなニーズを満たすために、短納期納入が競争力になってきています。

一方、本当はさほど短納期納入を必要としていない業界でも、競争上、短納期を謳っている企業もたくさんありますが、「短納期で届けます」と言って、大量の在庫を抱えたり、無理な生産変更を行なったりして対応しているのです。

本当に短納期が武器になるなら、短納期納入を行なうための努力もムダにはなりませんが、時に、単なる思い込みで短納期を謳っている場合があります。

また、同じ短納期を謳うにしても、生産方式の選択によって業績が変わってきます。私の知る製造業で、短納期製造を謳っている企業があります。受注後3日で生産し、納入するというのです。

しかし、この企業はいつ受注がくるのかわからず、大量の部品在庫を持っています。受注がくるまでは作業がありませんから、手待ちによる非稼働、急な受注生産対応による残業が重なっています。結果、業績が振るいません。

競合他社は、売れ筋を見込生産して即納体制を実現し、平準化生産で

効率よく作り、原価も低くできています。受注生産による短納期納入には無理があるのです。

このように短納期の実現方法に無理がある場合、業績を痛める可能性があります。どのように短納期対応をすべきか、再検討する必要性はあるでしょう。デカップリングポイントを再検討すべきなのです。

■■ 短納期競争により企業がムダに疲弊する可能性がある

また、短納期競争がそもそも無意味な場合があります。最近、ネット小売業でも1時間以内納入とか、20分以内納入の競争が起きています。

こうした超短納期納入ができるのは、顧客のそばに在庫があるからですが、そのコストや在庫リスクを考えると、すべての品目で対応することはできません。よく売れる商品しか在庫できず、在庫した商品しか超短納期納入できないのです。

しかし、そうしたよく売れる商品は、コンビニやスーパーといった、ちょっと歩けば買うことができるチャネルでもたくさん売っています。自分で買いに行けばすぐに手に入りますから、わざわざネットで注文して、配送料を乗せて支払うことはもったいないので、購入は控えられます。超短時間であろうと、配送料を支払って配送までしてもらいたいというニーズは限定的でしょう。

多くの購入者は、そうした思いつきや緊急時ではなく、ある程度計画的、もしくは先の必要性を見越して購入しています。極端な短納期は毎回は不要ですし、お金を支払ってでも買いたいというのはまれなのです。

供給業者側も、緊急対応が常態になると、めったに買わない品目まで在庫する必要性が生じ、在庫保持コストが上がり、リスクが高くなります。本当に短納期対応が競争優位になるのか、かえって企業業績を痛めることになるのではないか、検討が必要ではないでしょうか。

■■ 短納期対応以外の競争優位をビジネスモデル全般で考える

短納期競争は、リスクの高まった現代社会では重要な武器です。しかし、「果たして、本当に自社にとって短納期対応が必要かどうか」を判

断する必要があります。

「短納期対応が必要だ」と思っていたら実はそうではなく、顧客の要求納期（＝顧客の要求リードタイム）に同期した納入でよかったということもあります。

また、短納期対応をするにしても、受注生産ではなく、見込生産で対応したほうがよかったというケースもあります。短納期より、「コストダウンをして価格を下げたほうが効果が高かった」といった事態も隠れているかもしれません。短納期よりも、多頻度小口納入を望んでいるかもしれません。必ずしも、短納期である必要はないかもしれません。

そうであるならば、**仕事の仕方を変える、ビジネスモデルを変えることのほうが競争力強化に役立ちます**。短納期納入は強力な武器かもしれませんが、本当にそうなのか、別な方法はないのか、検討してみる価値はあるでしょう。

今、まさにコンビニの24時間営業も見直しが始まっています。本当に短納期で、すべてのタイミングでの要求に対応することが必要ではないかもしれません。過剰なサービスレベルは高コストになるだけで、意味がありません。

繰り返しますが、企業競争力を向上させるための方法が短納期納入なのか、もし短納期納入が必要なら「どの顧客、どの品目なのか」といった可否の検討や、層別対応の検討が必要です。

5-3 受注から出荷、請求までの業務プロセスを描き、標準化する

人力作業が満載では、コストと時間がかかって競争力を失っていく

■ 今までの受注処理、出荷処理を変える

　一部の業界を除き、いまだに受注をFAX・電話で済ましている企業も多くあります。ビジネス上、こうした作業が必要であれば特に否定する必要はありませんが、もし、改善が可能であれば積極的に改善を行なうべきでしょう。

　FAXの場合はFAX OCRで自動読み取りをする、顧客側にシステム経由で発注してもらうといった方法が取れるなら、FAXの代わりにこれらの方法を採用して効率化できます。

　顧客側に手間が増えて敬遠される恐れがあるなら、その手間分を、ある期間のリベートや単価低減などの形で還元してもよいでしょう。なぜなら、効率化によって自社の作業コストが下がるからです。

　自社内でも、改善すべきことはたくさんあります。全国複数の各営業所で受注入力をしているなら、「受注センター」を作って仕事を集中し、コストダウンを図るという手もあります。徹底的に標準化できるなら、受注センターをアウトソーシングして、中国やフィリピンなどの人件費の安い国で行なうことも可能になります。

　オムニチャンネルではありませんが、多様な受注チャネルを開いて、受注処理をシステム化していく方法もあるでしょう。

　出荷に関しても、営業所でそれぞれ出荷していると在庫が増えたり、欠品が起きたり、品ぞろえに不満が出たりする可能性があります。在庫拠点として大規模センターを作って、そこから配送することで確実な在庫、豊富な品ぞろえをすることで顧客満足を上げることもできます。

　このように、昔から行なっていた受注や出荷の方法を無批判に受け入

れず、「どうすれば低コストで高サービスの受注や物流ができるのか」を考える価値はあると思います。

実際、私のクライアントでも受注センター設立や倉庫の統廃合を行なうことで、サービス向上とコストダウンを同時に行なった企業がたくさんあります。過去の延長で業務を行なわず、業績と競争力に貢献する受注・出荷の業務を考えることには価値があります。

■■ 値引き・リベート計算を簡素化する

日本では、古くからの商習慣をそのままにして、一度も整理せずにきてしまっている企業が多くあります。複雑な値引き条件やリベート計算方法があり、下手をすると顧客ごとに条件・計算方法が異なっていて、作業コストがふくれ上がっていることが多いものです。

実際、複雑な値引きやリベート計算が存在しています。社内でも、複雑すぎて全体像を知っている人がいないくらいです。受注タイミングだけでなく、「月締めで達成したら割り戻しする」「キャンペーン期間中の売上総量からリベート計算する」「品目ごとに値引き料率を変える」などの複雑な計算を行なうといった具合です。

このように複雑なため、翌月になって数日経っても売上や営業利益が確定しないといったケースも散見されます。複雑すぎて顧客も理解できないでしょう。計算コストのぼう大さ、ミスの発生を考えると、本当に意味のある取引条件なのか疑問に思います。

また、こうした複雑な商習慣を継続しているため、システム開発にもぼう大な期間とコストがかかります。システム化できず、人が前処理をして入力するといった作業がそのまま残る場合もあり、システム化の意味がないこともあります。

顧客・製品・時期ごとにばらつく値引き・リベート計算は統合し、標準化していく努力が必要です。過去の苦しい時期に作った取引条件をそのまま習慣化せずに定期的に見直し、シンプルにしなければなりません。

競争はグローバルになっています。戦後から生まれてきた、都度対応型の自然発生的対応を"商習慣"などと言って思考停止せず、より効果

のある形態で、かつ、シンプルな形態に変えていかないといけません。

いつまで経っても社内で表計算ソフトを使っていては、コストを高止まりさせてしまいます。そのうえ、表計算では改ざん可能で、システムで縛ることもできませんから、コンプライアンス上、問題があるような不透明な計算が横行しかねません。

自分たちが過去の事情で作ってきた仕事は、"商習慣"ではありません。改革・改善が必要です。

■■ 個別事情で発生した取引条件を整理する

問題は、慣れ親しんだ取引条件の変更が、顧客や社内の抵抗を生むことでしょう。

しかし、個別事情で生じてきた取引条件は、整理しなければなりません。顧客にとってもよりシンプルになって、かつ、以前と同じか、もしくはそれ以上のメリットがあるのであれば乗ってくるでしょう。

社内にいたっては、社員の評価方法を変えることで対応できます。単なる過去の延長で残存している意味の薄い値引き・リベートの管理工数はばかになりません。定例化してしまっている無意味なイベント型の思いつきキャンペーンもあります。売上至上主義に陥っていて、利益を削って売上だけを増やす拡販施策も存在します。こうした拡販施策に基づく値引き・リベートは、形骸化しやすいのです。

"商習慣"などと言って思考停止せず、意思をもって改革していくことが必要なステージにきているのではないでしょうか。販売・物流管理を担うマネジメントの明確な意思が必要です。

5-4 在庫の枠を設けるか、設けないかが大問題

顧客への供給確実化と在庫リスク・業務効率をバランスさせる

■■ 在庫の枠設定と"早い者勝ち"という永遠の課題

　確実な供給を担保することと、滞留させずに在庫運用効率を高めることは、同時に実現するのがけっこう難しい問題です。

　各営業マンとしては、顧客に迷惑をかけたくないので在庫に枠を設け、「この顧客のための在庫＝私の在庫」としておくことで、安心していられるでしょう。「確保した」ということです。

　しかし、企業としては売れるかどうかわからない段階で、在庫を固定化することは避けたいはずです。確保されてしまうと、注文が入って在庫があるのに出荷できず、結果、失注するというケースもけっこうあるからです。

　そこで前述の通り、在庫に枠を設けず、"早い者勝ち"で受注・引き当て・出荷をするというルールにする場合もあります。この場合はシンプルで、受注が早い順に対応するため、在庫がどんどんさばけるので効率がよいのです。しかし、重要な顧客もそうでない顧客も"早い者勝ち"なので、重要な顧客であっても優遇されません。

　また、在庫がひっ迫すると、各営業が顧客をたきつけてムダに早い注文を打たせて、あっという間に欠品になり、ほかの多くの顧客に迷惑をかける事態も発生します。

　"早い者勝ち"はシンプルで、在庫運用上は効率的でよいのですが、顧客対応上は問題も生じる方法なのです。

■■ 自社の競争優位に貢献する方法を選択する

　在庫枠を設けるか、"早い者勝ち"にするかは、企業の判断によります。どちらを選ぶにせよ、自社の競争力の強化に貢献する方法を選ぶべきで

す。また、どちらかを選んだとしても、業務運用上、現実的に運用できるように仕組みを築いておく必要があります。

在庫枠を設けた場合は、在庫確保による滞留を避けるため、**誰の確保在庫かを可視化し、かつ、営業部門内で在庫融通の調整を行なう業務と機能を確立しておくべき**です。

"早い者勝ち"を選んだとしても、**供給ひっ迫時は配分業務を行なって、そのときだけ枠を設けるような運用も必要**でしょう。いずれにせよ、各営業マンや営業部門だけではなく、一段高いレベルで、調整業務を取り仕切る機能が必要なのです。

確実な出荷は、顧客にとって重要なことです。自社の競争力に優位に働く業務を構築していくことが必要です。

5-5 ロット管理・シリアル管理とトレーサビリティは必須

鮮度管理と問題発生時に重要になる

■ ロットナンバーやシリアルナンバー管理の必要性

　最近は、品質に不具合があると即、販売停止、回収やリコールになります。品質問題が起きたときに、どの製造ロットや製造機種に問題があったのかを短期間で把握しなければなりません。そうしないと問題が拡大し、社会的な責任を問われることになります。

　大量生産品では、製造タイミングでロットナンバーが振られ、製造時の状況や作業設備・作業者が確認できるようになっていることが必要です。機器や製造装置などの機械１つひとつを管理する場合は、１台ごとに振られたシリアルナンバーが確認できなければなりません。

　問題が起きたときだけでなく、通常の出荷時にもロットナンバー管理が重要になる場合があります。

　顧客によっては、古い製品を嫌がる顧客がいます。こういう顧客には古い製品が出荷されないように、必ず最新ロットからの出荷にします。最新ロットが出荷できないときには、前回出荷時のロットナンバーを確認し、それよりも新しいロットナンバーの出荷を行ないます。

　このように**不具合時には必須**、平常時にも**顧客に応じて**、ロットナンバーやシリアルナンバーの**特定**が必要になります。

　今ではロットナンバー管理やシリアルナンバー管理がシステム化されている企業も多いですが、いまだに台帳管理の企業もたくさんあります。台帳の場合は検索や特定に非常に時間がかかり、台帳の散逸や汚損によって機能しなくなる場合も起こり得るので、できればシステム化したいものです。

■ トレースバック、トレースフォワードとは何か

　ロットナンバー管理やシリアルナンバー管理は、トレーサビリティの仕組みにとっては、必須の管理方法です。

　問題が起きた場合、製造の経過をさかのぼっていくことができることを「トレースバック」と言います。工程をさかのぼっていって、問題のある製造設備と担当者を特定したら、そのロットナンバーの前後のロットも特定します。前後ロットに問題があれば、「問題ロットナンバー」として特定します。

　次に、問題があったロットナンバー製品がどの市場、どの店舗、どの顧客にまで届いているかを探索します。影響範囲を特定して、使用停止や回収告知を行なうためです。このような影響範囲まで下って探索することを「トレースフォワード」と言います。

　トレーサビリティは、問題ロットと問題を起こした製造の特定だけでは不十分です。他のロットナンバーへの影響範囲を特定する「トレースバック」と、市場に向けてどこまで運ばれ、どの範囲まで告知や回収、リコールをしなければならないかを特定する「トレースフォワード」の組み合わせが必要です。

　ロットナンバー管理の部分を、シリアルナンバーと置き換えても同じです。トレーサビリティの実現は、製造者責任を果すためにも、その後の被害や賠償等を最小にするためにも必要な管理なのです。

■ シリアルナンバー管理はアフターサービスの要

　製造機器や産業機械などの機器類は、1台1台稼働を監視し、保守を行なうことが必要です。**どのシリアルナンバーの機械が、どの顧客のどの拠点で動いているのかを把握**することは、アフターサービスを行なう際に非常に重要になります。

　まず、故障して部品交換が必要になった際、使っている部品の特定が必要です。通常は設計変更などがあるため、同じ機種でも異なる部品が使われることがあり、その特定にシリアルナンバーが必要になります。

　つまり、ある特定のシリアルナンバーに使われている、ある特定の部

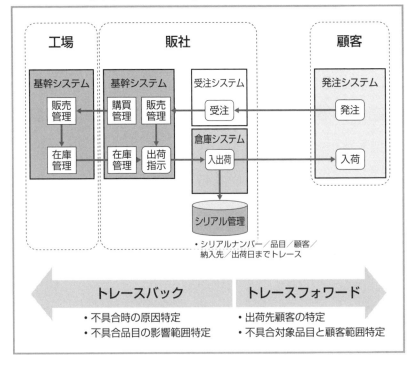

品を確認するために、シリアルナンバーで製造部品構成を確認することが必要なのです。

　こうしたシリアルナンバーによる特定ができないと、どの部品が使われているのかわからないため、修理が長引くこともあります。誤った部品を送ってしまったり、出張して機械を分解して部品を特定したりとなると、時間がかかります。その結果、顧客の設備を長期に止めてしまうことになり、大変な迷惑になります。二度と買ってくれなくなるかもしれないのです。

　修理を短期間に終わらせるためにも、また、誤った部品を出荷して手間を増やさないためにも、シリアルナンバーの管理は必須です。シリアルナンバーにひもづく製造条件や部品表の特定は確実、かつ、迅速にできる仕組みの構築が必須なのです。

5-6 アウトソーシングか、自社で行なうかは顧客ロイヤルティで決める

自社製品を愛していないアウトソーサーで大丈夫か

■ 受注センターや問い合わせセンターのアウトソーシング

受注センターや問い合わせセンターのアウトソーシングが、普通のことになってきています。受注や問い合わせはいつくるかわかりませんから、常に社員を待機させるより、アウトソーシングしたほうがコストメリットがあるため、多くの会社がアウトソーシングを採用しています。

自社で業務の標準化やマニュアル作りができない企業は多いものですが、アウトソーシングする際に業務が標準化し、一定品質の仕事ができるようにもなります。

受託しているアウトソーサーも、問い合わせ内容を分析したり、回答時間の短縮や、質問・回答のデータベース化もしてくれたりするので改善が進むケースがあります。社員では甘えてしまって、なかなかこうはいかないでしょう。

コスト優位性とサービスレベルの一定化、改善可能性を実現するアウトソーシングは、優れた手法です。

一方で、受託で仕事をしているために、通りいっぺんで冷たい対応になるときもあります。機械的な対応や融通の利かない対応になったり、何より、取り扱い製品やサービスに関して詳しくなかったり、これらへの誇りや愛情が感じられなかったりすることもあります。

■ 会社の顔としての業務は社員が行なうべきかどうか

受注センターや問い合わせセンターは、顧客との重要なコンタクトポイントです。顧客接点であるからこそ、丁寧に対応したいところですが、こうした業務をアウトソーシングしてよいのかどうか、十分な議論が必要です。

アウトソーサーはあくまで受託業務で行なっていますから、その企業

や製品・サービスに愛情がなくても務まります。しかし、顧客は敏感に愛情のない対応を感知します。アウトソーサーに仕事を委託している企業にとっては、顧客に愛情がないのか、自社製品やビジネスに愛情がないのかと感じる場面もあるでしょう。

　また、こうしたアウトソーシングでは、顧客から電話がかかる「インバウンド」と、顧客や見込客に電話をかける「アウトバウンド」があります。
　問題は、アウトバウンド型の電話です。アウトバウンド型の電話は、通常、セールスを行なうためにかけられますが、このアウトバウンド型の電話営業は嫌われます。
　忙しいときに、欲しくもない商品・サービスの電話営業が行なわれることは、人によっては不快を感じるときがあります。断ったときの対応がぞんざいなことも多く、かえって顧客離れを生みかねません。
　受注センターや問い合わせセンターは、自社社員で行なうべきか、アウトソーシングすべきかという判断は、単にコストに注目するにとどまらず、顧客のロイヤルティへの影響を考えて慎重に行なわなければなりません。

5-7 アフターサービスにおけるサービス提供を最適化する

高度化・多様化に応えるには、エキスパートの育成と大部屋化が必要

■■ 製品が売れない時代のアフターサービスの重要性

　市場が成熟化し、製品が売れなくなり、一度購入された製品の使用期間が長くなってきています。そうなると、購入された製品を長く使い続けてもらうことが重要になります。

　製造業では、製品販売だけでなく、販売後のアフターサービスでも稼がなければなりません。それだけでなく、次の買い替え需要を確実にとらえるために、満足度の高いアフターサービスを提供しなければなりません。

　しかし、アフターサービスは重要な顧客接点であるにもかかわらず、多くの企業では、最近まであまり重視されてきませんでした。どちらかというと、トラブルに対する後始末部門のように扱われ、ヒト・モノ・カネが十分に投じられてこなかったのです。

　そうした状況下で、アフターサービスに力を入れた企業は業績を伸ばしてきました。コピー機業界、商用車業界、建機・重機業界、製造装置業界などは、製品購入後も顧客が使い続けることに価値があるのです。

　こうした業界では、購入した製品の稼働が止まらないように定期点検・予防保守・定期部品交換を行ない、消耗品や修理用の補修部品が滞りなく提供され、エンジニアが即対応できる体制を築いてきました。

　また、**アフターサービスが充実しているかどうかが、製品選別の重要な項目**になりました。製品の機能や価格よりも、アフターサービスの充実度が評価軸になってきているのです。買って終わりではなく、使い続けられるような高いサービス提供が、競争優位をもたらすようになってきています。

■ 大部屋化でサービス向上とコストダウンを実現する

　製造装置のように機種が多様になり、個別性が強くなると、なかなか不具合箇所が特定できません。

　サービス拠点が分散すると、特定機種の専門家がいないために修理が長引いたり、問い合わせ対応が長引くこともあります。その装置の専門家がいれば電話で修理が済んでしまうケースでも、専門家がいないために何度も出張したり、調べたりといった具合になって、出張コストがかさみ、顧客満足も低下していきます。

　こうした事態を避けるため、サービス拠点を統合して「大部屋化」し、ベテランをそろえ、どんな問い合わせや修理依頼にも応えられるようにする企業も登場しています。顧客は、この大部屋のサービス拠点に連絡するだけで専門家が見つかり、迅速なサービスが受けられます。

　サービスを提供する側にもメリットがあります。専門家が見つかりやすく、多くの問い合わせに即答できるようになるでしょうし、電話で状況が把握できてしまえば電話対応が済んでしまう場合もあり、サービスエンジニアの出張回数を低減させることができます。交換部品や修理箇所がすぐわかれば、不要なサービスパーツを送って、回収するという手間も省けます。

　大部屋化は、サービス向上とコストダウンを同時に実現するよい方法なのです。

■ 消耗品・サービスパーツの供給性が企業評価に直結する

　購入された製品を使い続けてもらうためには、消耗品やサービスパーツが適切に届けられる必要があります。

　消耗品やサービスパーツは、製品とはまた違ったルールやロジックで準備されなければなりません。

　物流ネットワークも、製品物流とは別にしなければなりません。受注や出荷体制も、製品とは別にします。製品よりもスピーディーな送品が必要で、製品物流と一緒では、製品の物流や業務に影響されるため、スピードが遅くなるのです。

◎大部屋化のメリット◎

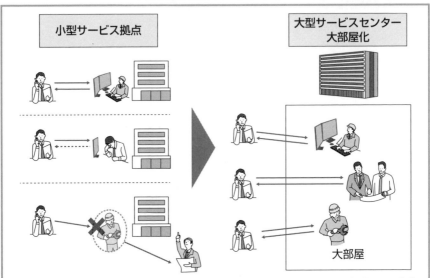

小規模のサービス拠点では、機器の専門家がいなかったり、人が少なく不在がちで、十分なサービスレベルが維持できない。大部屋化することでエキスパートが見つかりやすく、必ず誰かが対応できる。エキスパートのおかげで、出張やサービスパーツの誤出荷も減る。

　消耗品やサービスパーツがきちんと供給されないと、製品を使うことができなくなります。遅滞なく、適切な消耗品・サービスパーツが届くことが、企業評価に直結します。製品機能や品質だけでなく、アフターサービスの品質が、企業評価を左右する業界が多くあるのです。

■アフターサービスとIoTとの相性

　アフターサービスとIoTの相性は、とても高いものがあります。使い続けている製品にセンサーを組み込み、さまざまな情報をインターネット経由で取得して、サービスを提供することができます。

　稼働状況のモニターとフィードバック、リモートメンテナンスは古くから行なわれており、重機などでは位置情報を取得して盗難の有無をチェックしています。消耗品の補充発注、故障時のサービスマンの呼び出しもできるようになっています。

　IoTの進展によって、アフターサービスはより進化を遂げるでしょう。

第**6**章

販売・物流管理を支える情報システム

6-1 基幹システムにおける販売・物流管理

販売・物流管理を下支えする基幹システムはパッケージで

■■ 販売・物流管理を行なう基幹システムとその周辺システム

販売・物流管理を行なうシステムは、「**基幹システム**」と呼ばれます。会社の取引や内部処理を記録するシステムです。

販売・物流管理システムとして、個別に存在するものもあります。統合システムとして、ERP（Enterprise Resource Planning）の中の販売・物流モジュールである場合です。

販売・物流管理システムには、受注・与信管理・在庫管理・引当て・出荷・売上の機能があります。システムによっては、債権管理が付随している場合とない場合があります。営業が仕入れを行なうこともあるので、システムによっては購買機能や仕入れに関わる債務管理がついている場合もあります。

ERPの場合、通常、会計モジュールが付属しているので、売上と売掛金の同時計上や、出荷による在庫の引き落とし、売上原価への算入といった仕訳が自動で行なわれます。

修理や点検のようなサービスに関わる売上管理は、必ずしも販売・物流管理に付随していないこともあります。サービスといった役務に関わる売上管理は、製商品の売上と相違するからです。サービス売上時は、売上計上時に実際の役務の実際原価を計上します。製商品のように、単価があるモノが原価計上されるわけではないからです。

■■ 倉庫管理はWMSをサブシステムに

在庫管理を行なうシステムは、管理の細かさによってシステムを使い分けます。主に資産上の在庫管理を行なうのが「基幹システム」、詳細のロットナンバーや、入庫日等を細かく管理するのが倉庫システムである「WMS（Warehouse Management System）」になります。

ロットナンバーのデータの源流が基幹システムの場合はWMSにロットナンバーを引き継ぎ、基幹システムでロットナンバー指定の引当て、出庫指示をロットナンバー込みでWMSに連携します。基幹システムとWMSの連携頻度は高く、密接になるので、システム構築時は業務設計と各システムへの機能配置を丁寧に行なう必要があります。

■ 貿易システムは文書管理機能がほとんど

　貿易実務に関わるシステム（貿易システム）は、通常は基幹システムの外にあり、基幹システムと連携して使われます。

　基幹システムは、主に取引を中心に記録する目的で使われていますが、貿易関係の書類作成や文書の受け渡しなどは苦手です。貿易システムのほとんどの機能は文書管理機能になるため、基幹システムとは別システムとして構築されるのです。

　貿易システムは、WMS同様に基幹システムとの連携頻度は高いので、システム導入時は業務設計とシステム機能設定、機能配置をきちんと行なう必要があります。

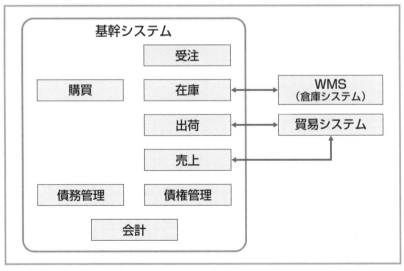

◎基幹システム、WMS、貿易システムの関係◎

6-2 セールスマンの活動管理とパイプライン管理を行なうシステム

SFA（Sales Force Automation）とCRM（Customer Relationship Management）

■ 商談管理を行なうSFAシステム

　商談管理を行なうシステムが、「SFA（Sales Force Automation）システム」です。このシステムには、大きく分類して2つの機能があります。1つは、**セールスマンの活動管理**です。もう1つは、**売上に結びつけるためのセールスパイプライン管理**です。

◎SFAの2つの機能◎

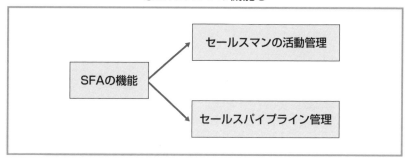

　セールスマンの活動管理は、**従来の日報管理に近い管理**です。日々のセールス活動が記録され、「いつ、どこに行って、誰に会って、何をしたのか、課題は何か、解決策はどうか、結果はどうだったか」といった営業活動を記録し、共有するのです。

　中には、移動時間と面談時間等を識別し、有効な活動とそうでない活動を分け、効率化を行なうためにデータにしようとの考えもあります。

　もう1つのセールスパイプライン管理は、**商談を登録し、商談進捗管理**を行ないます。セールスパイプライン管理では、進捗管理にとどまらず、自社に対する売上達成確度を確認できるようにしたり、商談の優先

度をはかって、エンジニアや開発人員の適正配置を考えたりします。

　セールスマンの活動管理は、営業部門内の管理になります。一方、セールスパイプライン管理は営業部門内に閉じこもらず、全社との連携を意識しなければなりません。セールスパイプライン管理に同期して設計したり、生産・調達計画を立案したり、指示・統制したりします。セールスパイプライン管理は企業の売上達成見込み、リソース最適配置に影響する重要な管理です。

　日本企業は、組織分断での管理ばかりするようになってしまったので、SFAと言うと、セールスマンの活動管理を中心に考えますが、企業への影響の大きさを考えると、セールスパイプライン管理のほうが重要なのです。

■ 顧客との取引全般を管理するCRM

　顧客との過去の取引や顧客企業の属性、与信等を管理するのが「CRM（Customer Relationship Management）システム」です。「顧客データベース」「顧客取引データベース」と言うことができます。CRMシステムにはSFAが付属している場合もあり、CRMとSFAの境界線は曖昧です。

6-3 需要予測システムの種類

高度な予測システムもある一方、表計算ソフトで代用する企業も

■ 統計予測を行なうシステム

販売計画を立案する際には、販売の予測をしなければなりません。そのために使うシステムが、「**需要予測システム**」です。通常、需要予測システムと言うと、「**統計予測システム**」になります。

統計予測システムにはパッケージシステムがあり、これには統計モデルが組み込まれています。ただし、統計予測が完ぺきということはありません。統計予測に使う実績データの精度、モデルのあてはまり具合等により精度がばらつくからです。

そもそも、統計予測を企業の計画業務に使う場合、それなりの限界があります。予測を行なうための実績サンプル数が少なすぎること、実績にさまざまな特殊需要が隠れていて予測を歪めることなどの理由により、さほど精度が高くなることはありません。

しかし、「それなりにあたればよい」というのであれば使う手もありますし、人間が計画するには品種数が多すぎて対応できない場合は使ってもよいでしょう。予測が外れても在庫の使用可能期限が長く、少々の期間、在庫が滞留しても、そのうち売れていくような品目の場合は使っても問題ないでしょう。

統計予測システムではなく、一般的な「統計解析ソフト」を予測システムとして使う場合もあります。統計予測システムを使う場合は、統計的な知識が必要になります。

■ 表計算ソフトや人的予測での代用

統計モデルが組み込まれているシステムを使わず、「表計算ソフト」で代用することもできます。表計算ソフトに組み込まれている関数を使ったり、自分で式を入れこんだりすることで、統計ソフトの代わりに使

◎需要予測システムの種類◎

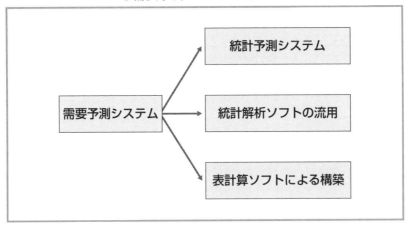

うのです。関数や複雑な式などは使わず、簡素な計算式を使って人間が予測するといったことは、企業で普通に行なわれています。

表計算ソフトは安価で使いやすいので、需要予測を行なう際に今でも広く使われています。

■ 実績や予測・計画対比のシステム

予測をするにしても、計画を立案するにしても、過去実績の分析をする必要があります。実績は、過去の傾向、前年や前々年、過去3年程度の実績等を見ます。統計予測をする場合も、人的予測をする場合も、過去実績をさまざまな見方で分析します。

また、過去の予測と実績の差異、計画との実績差異、計画と予測との差異、予算があれば実績・予測・計画と予算の差異を分析し、自社の予測精度や計画精度を見ます。

予算と比べるのは、予測や計画が予算に引きずられ、実勢と異なっていないかどうかを知るためです。自社の予測や計画が、あまりに予算に引きずられて実績から想定される見込みと違う場合は、リスクがあるということがわかります。

こうした実績や予測・計画対比のシステムは、予測システムに組み込

まれていることもありますし、可視化システムとして「BI（Business Intelligence）」のシステムとして販売されている場合や、表計算システムで構築している企業もあります。

　可視化システムは、単に可視化するだけでなく、各種アラートを組み込むことによって、計画と実績に大きなかい離が出たり、設定値を大きく外れたりするときに警告を出して、アクションを要求するようにすることもできます。

　実際には、きちんと分析できるシステムがない企業が多いので、きちんとした判断を行なう場合や迅速な対応を行なう場合に備えて、こうした可視化システムの構築は急務でしょう。

6-4 計画はSCPシステムで行なう

仕販在計画を立案する計画システムは、SCPと表計算ソフトとの競合

■ 計画システムSCPの過去と現在

　仕販在計画を立案するシステムを「SCP（Supply Chain Planning）システム」と言います。かつて、SCPは大ブームを引き起こしました。ちょうどSCMという言葉が日本に紹介された際、海外からSCPがもち込まれ、各社、数億円かけて導入に走ったのです。

　当時導入されたシステムは、今ではほぼ使われていません。もしくは、当初の目的とはまったく異なった使い方になってしまい、投資回収できる状態ではなくなっています。少なからぬケースが失敗したと言えるでしょう。

　なぜ、失敗したのかというと、当時はSCPを使った「自動最適化計算」を主要な目的に導入したからです。

　販売・物流管理を扱うものにとっては、顧客の都合や利害・リスクが関わる計画を数学的に自動化したり、システムが勝手に最適化したりできるはずもないのです。組織の利害調整と経営的意思決定がからむものですから、自動最適計算などできません。人間の判断と利害調整、すり合わせと意思決定が必要なのです。

　最近では、組織横断の計画であるS&OPの概念の広がりもあり、自動最適化ではなく、「すり合わせ型の計画」が主流になりつつあります。

　したがって、無理に自動最適化をするのではなく、予算・営業見込み・本部見込み・実績といった販売計画の多層的な可視化と、単なる自動計算・計画結果が目標値からずれるかどうかの可視化といった、実務に即したSCPの機能が主流になりつつあります。

　計画結果の確認を高速で行なうという点では、スピードが速いに越したことはありませんが、昔のようにロジックがブラックボックス化する

自動最適化ではなく、シミュレーションを行ない、人間が結果を確認・判断できる計画システムが主流になりつつあります。

その点では、表計算ライクなユーザーインターフェースと、追加改造のしやすさが重要にもなってきています。表計算ソフトのような形式で、計算実行を示すSCPも多くなってきています。

■■ 生産・物流最適化を目指すコストシミュレーション型にも注意

しかし、情報システム部門が関わると、いまだに最適化ロジックを使おうとする傾向があります。

最近、国内の物流費高騰と顧客の無在庫化や即納要求が強まり、物流最適化や製造拠点最適生産といった短サイクルでのシミュレーションをして、生産最適化・物流最適化を狙う話が増えています。

こうした仕組みはパッケージにはあまりなく、手作りでシステム化するケースもありますが、基本的にムダになるケースが後をたちません。

そもそも、生産や物流はそれなりに最適化された中で営まれていて、毎回、自動計算で最適な場所を選び直していく方法は、かえって不経済・非現実的なのです。

数理計画等を使って、最適コストを計算したうえで計画を最適化できるという古い夢がまた復活しています。計画とは、**短期間の反射的・反応的な計算業務ではなく、意思決定による中長期的な制約のコントロール**なのですから、無意味に短サイクルで変更するような生産・物流の仕方は、かえって害になるのです。

■■ 仕販在計画に、生販在計画などを取り込むかどうか

仕販在計画の議論をしていると、「どうしても生産計画をからめたい」という議論がもち上がります。生産計画にもいろいろなレベルがあるので、きちんと識別してシステムを入れないと大失敗します。

まず、仕販在計画と同レベルで「生販在計画」があります。生販在計画は、**生産側の出荷計画、在庫計画、生産計画を仕販在計画と連携して**

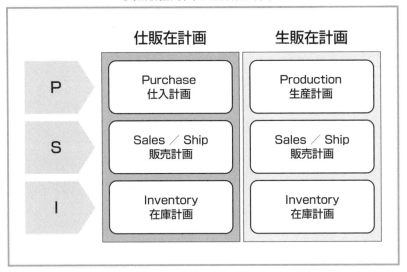

立案するもので、直近であれば、2か月先やその先の月といった中長期的な「基準生産計画」と呼ばれる月バケット（需要のある期間）レベルの計画を立てるものです。これは、SCPで立案して、中長期的な制約になる、生産能力計画や部材の調達計画と連携させます。

　それ以外には、日々の日程計画があります。こちらは「スケジューラー」というシステムで立案するので、生産管理の領域になり、販売・物流管理として検討する必要はないでしょう。

　また、基準生産計画から資材所要量計算を行ない、調達計画や日程計画のインプットを生産・調達要求を立案するのが、**「資材所要量計算：MRP（Material Requirements Planning）」**です。こちらも、生産管理の領域になります。

　生販在計画を仕販在計画と連携させ、制約を確認しながらSCPで立案するというのがあるべき姿です。この業務がS&OPの中で行なわれ、数量だけでなく、金銭評価をふくめて計画の検証・立案がされるのです。したがって、S&OPで使う計画システムがSCPになります。

　SCPとの組み合わせで、分析型のBIを組み合わせたシステムで、

S&OPシステムを謳っているものもあります。

■■ 計画業務は個別性が高く、パッケージベースで導入しない

　過去、自動最適化で大失敗した計画システムの導入に関しては、世代交代が進んで、また大失敗をする可能性が出てきています。

　「計画」という業務は作業オペレーションではなく、未来の状況を可視化して、リスク判断をして意思決定する必要がある、非常に人間的な業務なのです。

　計画担当にはエキスパートが必要ですし、マネジメント層も計画をよく知ったうえで、人的スキルと経験・知識をもって行なう業務ですから、自社の置かれた業界や制約条件をよく知ったうえで、自社の要件を明確にしてから導入すべきです。

　計画システムをパッケージベースで導入したり、情報システム部門主導で導入したり、外部コンサルやシステムベンダー主導で導入したりしてはいけません。大失敗のもとになります。

6-5 アフターサービスに関わるシステムと顧客取引システム

顧客の販売履歴・サービス利用管理と契約管理で囲い込む

■ 顧客契約や導入製品履歴、保守履歴を蓄積する

　B2Bビジネスにおいては、顧客が自社製品を使い続ける間のアフターサービス売上を確保し、そのうえで買い替え需要を取り込んでいくのが理想です。

　そのためには、顧客の契約情報や購入・導入してくれた製品の履歴、保守や点検などの「**サービス履歴管理**」が重要になります。

　記録すべきは、**契約内容、機器の設置場所、管理者、機器のシリアルナンバー、シリアルナンバーごとの図面・部品表**です。特に、シリアルナンバーごとの図面・部品表は重要です。故障時や不具合時のパーツ交換、修理の際に必須になるからです。こうした情報が整理されておらず、毎回右往左往しているようでは、顧客は離れてしまいます。

　また、**一度購入した機器等の設置場所、使用責任者、稼働状況、保守・点検情報、修理履歴等**も保持します。この情報によって、買い替え需要を事前に把握することができるからです。

■ CRMシステムは慎重に選択する

　こうした情報蓄積のためのシステムとして「CRMシステム」があると言えばあるのですが、通常は相当なカスタマイズを行なう必要があり、手作りで構築する必要があります。

　CRMシステムの定義は各社各様なので、使う場合は慎重に評価して選択しなければなりません。

■ 保守・点検契約と無償部品交換の組み合わせで売上を増やす

　保守・点検といったサービス売上とサービスパーツ売上が別管理され、それぞれの売上も独立で管理されることがあります。顧客から見れば、

一体で動いてほしいところですが、意外とそうなっていないことがあります。

こうしたアフター領域を統合することで、アフターサービス全体の売上向上を可能にしたり、顧客の囲い込みができたりします。たとえば、定期保守・点検契約を結び、点検時の部品交換を無償で行なう代わりに、契約費用を高めにするのです。

こうすることで、常に点検・修理の仕事を囲い込めますし、部品を他社で買われることもなくなり、自社の専用部品を使ってくれるようになるのです。

サービスパーツ部門としては、無償になって売上が減るように見えます。しかし、企業トータルではアフターサービス売上が増え、その後の買い替え需要を取り込めるなら、個別組織の利害に拘泥せず、全体で売上最大化を目指すべきです。

こうしたアフター領域を統合するためにも、アフターサービスに関わるシステムは、統合しておくべきなのです。

6-6 顧客との商談やプレゼン、売込みを支援する商談支援システム

PDAとクラウドが作り出す商談支援のスマート化

■ SFAと文書のPDA化で営業品質を向上させる

すでに述べた通り、SFA（Sales Force Automation）では、商談登録・日報登録ができます。

最近では、こうした登録がモバイル型のパッド（PDA）でできるようになったため、外出先から入力してしまうことで、帰社して文書作成のために残業するといった、昔ながらの非効率な作業の削減にもつながってきています。

また、製品紹介文書や技術文書をPDAでダウンロードして営業先で説明できるため、わざわざたくさんの書類を持っていかなくてもよくなりました。文書を印刷しなくてよいので、わざわざ会社に寄る必要もないのです。

また、モバイルを通じた動画による説明も可能になり、営業マンのレベルによってばらついていた説明品質も、標準化することができるようになりました。

特に、動画による説明は画期的です。営業マンのレベルに依存せずに、製品説明や操作説明ができるのです。

PDAを営業マンに持たせることで、営業の効率化が図られるだけでなく、営業品質の向上もできるのです。

6-7 物流に関わるシステム

納期回答を支える物流トラッキングと物流手配システム

■■ 物流指示と物流進捗を追うシステム

　今まで多くの企業では、自社から出荷された荷物が積送状態になると、それ以上のステータス管理は困難でした。自社から出荷したところまではわかるのですが、その先がわかりません。

　「今、どの辺りに荷物があって、いつ着荷するのか」と問われても答える術がなかったのです。そのため、「在庫がない、欠品している」といった切迫した状況でも、「どこに荷物があって、いつ着くのか」が把握できず、その結果、「緊急で空輸するか、あきらめて失注するか」といった状況でした。あるいは、こうしたことが繰り返されるので、大量の在庫を保持せざるを得ない状況になったりしました。

　以上の通り、今までは自社から出荷されて輸出業者や物流業者の手に移ってしまうと、物流進捗が把握できませんでした。

　しかし最近は、輸出業者、物流業者、船会社等の間で物流進捗の追跡（トラッキング）が可能になってきました。物流トラッキングのシステムも用意され、荷物の進捗状況が把握できるようになったのです。

　まだまだ物流全体への波及はしていませんし、物流業者の管理レベルに依存してしまいますが、物流トラッキングは荷物の物流進捗、着荷予定を可視化するので、物流管理レベルを向上させ、在庫低減や緊急出荷件数の低減に役立ちます。

■■ 物流オーダーを管理する物流手配のシステムもある

　トラッキングとは別に、物流業者に物流手配を行なうシステムもあります。このシステムは、物流オーダー、請求、請求集計によるコスト積算等の「**物流KPI（Key Performance Indicator）**」を管理することも可

能です。

　物流手配を一元的に管理する仕組みはあまりありませんが、物流業務の標準化には、有効なシステムになります。

■■ 配車システムや最適ルート探索システムには課題がある

　物流のシステムの中で、配送手配に関わるシステムとして、「配車システム」と「最適ルート探索システム」があります。

　欧米では比較的単純な道路構成で、日本ほどの過密交通状態ではないため、配車・最適ルート探索等のシステムは比較的使われていますが、日本ではあまり使われていません。

　配車手配マンが、勘と経験で手配したほうが効率がよいということもありますし、ドライバーが、自主的に渋滞回避をしながらルートを選択したほうが合理的だったりするからです。

　しかし、技術は日進月歩ですから、どこかのタイミングでシステム化への分水嶺を越えるタイミングがくるかもしれません。

6-8 IoTが革新する販売・物流管理の未来

あらゆる情報がネットに接続・蓄積されることで起きる革新

■ IoTとSCMは今後融合していく

　IoTは、"モノのインターネット化"と言われます。何ともすわりの悪い言葉です。私は、次のように定義します。

> IoT：Internet of Things ＝ あらゆるものがインターネットにつながり、データ化されてコミュニケーションされること

　では、SCMも改めて定義してみましょう。

> SCM：Supply Chain Management＝「必要なモノを、必要なタイミングで、必要な場所に、必要な量だけ」確実に届けるための構想・デザイン、計画、統制、実行の仕組み

　IoTとSCMは融合していきます。今後、あらゆるモノがインターネットにつながり、その情報を活用することで、「必要なモノを、必要なタイミングで、必要な場所に、必要な量だけ」確実に届けるためのビジネスモデルを設計したり、その情報を活用して計画したり、実行することが可能になるのです。

　IoTは、単なる言葉先行のバズワードではありません。今後すたれるどころか、発展していくと思われます。なぜなら、**IoTがビジネスモデルを変える可能性を秘めているからです。**

　かつて、インターネットによるウェブサイト取引を通じて、パソコンやサーバーの業界に「ダイレクトモデル」というビジネスモデルをもたらし、デルが一躍トップメーカーに躍り出したことがありました。今は、アマゾンがウェブサイト取引で小売りのトップセラーに上り詰めていま

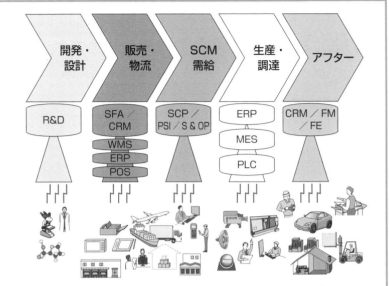

◎IoTのシステムスコープ◎

R&D：Research & Development, SFA：Sales Force Automation, CRM：Customer Relationship Management, WMS：Warehouse Management System, POS：Point Of Sales, ERP：Enterprise Resource Planning, SCP：Supply Chain Planning, PSI：Purchase Sales Inventory/Production Sales Inventory, S&OP：Sales & Operations Planning, MES：Manufacturing Execution System, PLC：Programmable Logic Controller, FM：Facility Management, FE：Field Engineering

す。

　IoTは、こうしたウェブサイト取引をもっと進めてしまい、ウェブサイトさえ通さずに、よりデータ発生源を軸とした取引を可能にしていきます。IoTによるデータ発生をビジネス取引に変えてしまうテクノロジーが、通常の商取引のビジネスモデルを変える基盤を提供するのです。

　今後IoTにより、ビジネスモデルやビジネスプロセスを変革した企業が、市場シェアを大きく握っていく可能性をもっています。

　IoTを、単なるセンサーやアプリケーションといった個別要素技術の話に矮小化せず、ビジネスモデルやビジネスプロセスの変革基盤として語るべきなのです。

■■ IoTによって、売り方や需要予測の仕方が変わる

　具体的に考えてみましょう。IoTによって収集された実売情報に基づ

いて、セールス推奨ができるようになります。

実際にアマゾンでは行なわれていますが、ある品目を買った顧客が、別の品目を買ったデータが蓄積されれば、同じような傾向の顧客に対し、購入を促す販促を行なうことができます。

ネットに限らず、自販機や店舗でも、自販機やPOSからの実売情報で、同じようにセールス推奨が可能になります。もしかすると将来、カーナビやスマートフォンで来店誘導が可能になったり、近くを走る車に臨時クーポンを配ったりできるかもしれません。

来店誘導やクーポンを配っても店に商品がないと大問題ですから、こうしたキャンペーンを打った際にどれほどの商品を準備しておけばよいか、どの商品を用意すべきかを過去販売実績から予測し、事前に準備しておく必要が出てくるかもしれません。こうした在庫量の予測も、キャンペーンを打つと同時に可能になるかもしれません。また、品薄になったら、POSシステムや在庫管理システムから、人手を介さずに直接補充指示が発信されるような仕組みも登場するでしょう。

IoTによって、セールスや需要予測の仕方が変わり、生産計画指示や補充指示ができるようになったりしていくでしょう。もちろん、生産や補充には制約があるので、こんなに簡単にはいきませんが。

しかし、**仕組みと業務を作ればいいのです**。IoTは、売り方から販売・物流管理におけるSCMの仕組みを変えていく可能性を秘めています。

■ 分析型とクイックレスポンス型のIoTプロセス

IoTにおけるプロセスは、よく以下のように定義されます。
①データの収集（センサー、ほか）
②データの蓄積（ビッグデータ解析、AIの活用、ほか）
③分析（ビッグデータ解析、AIの活用、ほか）
④（現実への）フィードバック

このプロセスは、比較的長めのPDCAサイクルにあたります。それなりのデータ蓄積と分析が入っているからです。

しかし、IoTにはもっとクイックなプロセスも考えられます。分析などせずに、いきなりアクションを起動させるプロセスです。以下のよう

```
◎IoTのプロセス◎
①データの収集（センサー、ほか）
②データの蓄積（ビッグデータ解析、AIの活用、ほか）
③分析（ビッグデータ解析、AIの活用、ほか）
④(現実への) フィードバック

     【クイックなプロセス】
     ①データの取得
     ②クイックレスポンス
```

なシンプルで短サイクル、高速のアクション・フィードバックが行なえます。

①データの取得
②クイックレスポンス

現実へのフィードバックに関して、ロジック化されたクイックレスポンスで即時対応を行なうのです。どちらのプロセスもIoTが可能にしますが、より顧客を囲い込みにいけるのは**IoT起動クイックレスポンス**です。

■ IoTの仕組みで顧客を囲い込む

IoT起動のクイックレスポンスとは、**IoTセンサーや機器が供給指示を出す**ことです。すでにそうした機器はできています。

たとえば、コピー機。トナーの残りが少なくなったときに出されるメーカーサービス部門へのトナー補充指示や、不具合時の診断・修理指示などです。あるいは、アマゾンと複合機メーカーや洗濯機メーカーが行なっている、機器の補充ボタンを押すと補充指示がアマゾンに飛び、配送が行なわれるという仕組みです。「DRS：Dash Replenishment Service」と呼ばれます。

こうした仕組みは、**IoT化された機器から指示が飛び、即供給される**、SCM上のクイックレスポンスを実現するものです。しかし、これは単

なる補充・供給の仕組みにとどまっていません。

この仕組みは、よく考えると消耗品や補修部品の購入を1か所に制限しており、メンテナンスサービスの発注も、1か所に制限しています。つまり、**IoTの仕組みで、顧客を囲い込んでいる**のです。

顧客にとっては、勝手に補充指示を出してくれたり、ボタン1つで購入できたりと、利便性・サービスレベルが上がります。IoTが高いサービスを提供し、満足度を上げ、併せて顧客を囲い込むという恐るべき道具になっていくのです。

■■ IoTがアフターサービスを収益源に変える

IoTは、売って終わりの「売り切り商売」をしている企業を苦境に陥れていくかもしれません。「うちは『売り切り商売』ではない」と規定し、製品を売ったあとも顧客を囲い込む仕組みを作った企業があれば、顧客は「売り切り商売」の企業からモノを買わなくなるかもしれません。

それだけでなく、IoTでつながった機器の稼働状況の監視やリモートメンテナンスまで可能になれば、アフターサービスも囲い込まれます。

顧客としては、稼働が維持されることで収益にも好影響が出るでしょうし、予防保全で保守費用も下がるでしょう。故障で動かないといったマイナスの事態も回避できます。

前述の通り、アフターサービスというと、今までは不具合の後処理部門のように扱われ、問題処理部門のように考えられることもありました。しかし、これからは**アフターサービス部門こそ、IoTによって収益源に**なっていくことでしょう。

そして、このアフターサービスがきちんとしている企業から、製品をリピート購入し続ける事態になるでしょう。顧客の「買う、使う、買い替える」というライフサイクルすべてが、囲い込まれる可能性があるのです。

■■ 製品をサービスとして提供する世界の到来とシェアリングエコノミー

このように機器がIoTにつながり、顧客が購入した製品を使い続け

◎IoTのプロセスのイメージ◎

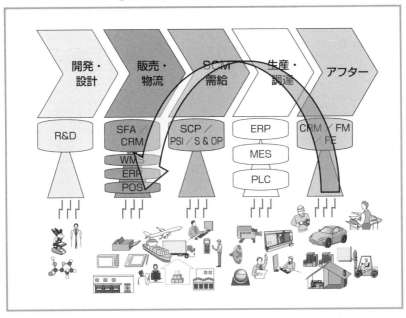

ことが価値になり、収益になる世界が展開されると、製品を買うよりもシェアしたほうが合理的な世界になっていきます。わざわざ買わずとも、稼働が空いている機器や設備をシェアすることが可能になるからです。

アイドル時間の売買、空いている時間の可視化（アベイラビリティの可視化）がビジネスを生んでいくことでしょう。製品販売ではなく、製品をサービスとして提供する世界が到来する可能性があります。

IoTは、販売・物流管理上のモノの供給を変えるだけでなく、製品の「売り切り商売」を超えて、その製品を使うことでビジネスを成り立たせるサービスビジネス化（顧客が購入して所有することで売上が実現する"販売型"ビジネスから、購入して所有するのではなく、"使用する＝サービスを受ける"ことによるビジネスへの移行）への促進剤になりかねないのです。

IoTは、まさにシェアリングエコノミーを促進するビジネスモデルインフラになり、恐るべきインパクトを世界にもたらすことでしょう。

Column
販売・物流管理とセールス＆デリバリー

　今も、世界中で販売・物流管理に関わるプロジェクトが推進されています。「SCM（サプライチェーンマネジメント）プロジェクト」や「○○改革プロジェクト」など、名称はさまざまですが、その多くは「販売・物流」という名を冠しています。

　プロジェクト名に「販売・物流」が冠されているのは、「生産管理」が入ってないことが主な理由です。他にも、導入するパッケージシステムがセールス＆デリバリー（販売・物流）という枠組みをもっていて、それにならっていることがあります。

　パッケージに定義され、内包されている機能は、各パッケージによりさまざまです。基本的な機能は、受注、在庫引当、出荷指示、売上計上です。パッケージによっては、在庫管理、在庫補充、営業購買、輸送管理、債権管理などの機能が付加され、最近では、引合い、見積もり、計画などの機能拡張がされていたりします。

　基本的に、セールス＆デリバリーを行なう機能がそろっているので、パッケージシステムを入れれば販売・物流管理が実現できそうなものですが、そんなことはありません。企業のあり方は多様で、必要とする機能もさまざまですから、足りない場合もありますし、追加開発が必要になることもあります。

　特に最近では、商談やSCMに関わる計画、データ分析の重要性と必要性が強く認識されてきており、こうした機能も販売・物流管理のスコープに入ってきています。しかし、既存の多くの販売・物流管理パッケージにはこうした機能がないことが多く、その場合は別途追加、または開発が必要になります。

　いずれにせよ、パッケージシステムには機能が定義され、販売・物流管理システムの枠組みが提示されていますが、使用する業務側にはそうした定義がありません。また、実務としては、パッケージシステムの販売・物流管理機能だけでは機能不足です。企業が自ら販売・物流管理の枠組みをもち、必要な機能の定義を明確にしておくことが必要です。

第**7**章

販売・物流管理の改革の進め方

7-1 販売・物流管理改革はステップを踏んで進める

虫食い型ではなく、トータルアプローチでの改革にはステップが必要

■■ 効果が薄く、手間のかかる小改善が多すぎる

多くの会社では、今も改善活動を続けています。終わりなき継続的改善は、日本企業のお家芸であり、それはそれで重要な活動です。

しかし、中には小手先の小改善に陥っていて、部門単独の独善的な改善になって他部門に悪影響を及ぼしたり、手間がかかるだけで効果がなかったり、自社の利益ばかりを追って顧客に迷惑がかかったりするような、本末転倒な改善を推し進めたりしているものもあります。

部門内改善は、コストダウンとしてはよいと思いますが、販売・物流管理全体を通して、顧客へのサービスレベルや競争力を上げるためには力不足です。個別部門改善が、全体にプラスの影響を及ぼすことはまれなのです。

逆に、部門横断で顧客を視野に入れてトータルで考えていかなければ、虫食いで不整合を起こし、かえって高コストでサービス低下を招きかねないのです。

■■ 部門横断・全社トータルで改革して競争力に貢献すべし

販売・物流管理改革では、顧客という重要な存在（会社に売上と利益をもたらしてくれる存在）と直接、接していく仕組みを考えていくことになります。その仕組みは、営業部門だけでできるわけではなく、まして物流部門だけでできるわけでもありません。

たとえば、営業部門が「多頻度配送」を希望したとしましょう。しかし一方で、物流部門は「物流コスト削減」を目標にしていて、多頻度化はコストアップになるので反対するかもしれません。部門の視点では何も変えられない可能性がありますが、全社で見たときに変えることが可能になるのです。

たとえば、物流部門がコストアップになっても、売上拡大が見込め、結果、大幅な利益増になるのであれば、物流部門のコストアップなど吸収できます。個別部門の不利益でも、全体で見てメリットが大きければ、企業全体としては問題ないわけです。

　このように、部門横断・全社トータルで改革して競争力に貢献すべきなのです。そのためには多くの部門を巻き込み、マネジメント層の意思決定も可能にするためには、手順を追って構想して推進していく必要があります。
　実際のところ、多くの社員は個別部門の視点しかもち合わせていません。したがって、「全体で考えるとはどういうことか」をきちんとステップを踏んで進めないと、部門利害の対立ばかりで議論が進みません。
　一方、最近のマネジメント層も、会社全体がどう動いているのかという視野を失いつつあり、部門利害の代表者のようになっています。
　トータルに、手順を追って進めないと、改革は早晩、暗礁に乗り上げてしまうのです。

■■ 販売・物流管理の改革は、ステップを踏んで実行する

　顧客接点を起点として、部門横断で全社トータルの改革を進めるためには、**企業活動全体を俯瞰して、モノの流れと業務の流れを可視化して、強化すべきポイントを定義し、変えるべき姿**を明らかにしなければなりません。
　また、**改革によってかかるコスト、負荷を押しつけられる部門のコスト、連携すべき外部組織との関係性とコスト、改革から生み出される利益とリスク**を明らかにする必要があります。
　販売・物流管理の改革は、企業の業務を変えることになるため、きちんと設計図を描いておかないと、あとでおかしな副作用が出かねないのです。
　販売・物流管理として、全社トータルで改革を行なうときは、ステップを踏んで実行します。今までと重なる部分もありますが、第7章では、そのステップを明らかにします。

7-2 販売・物流管理競争の基盤を作るビジネスモデルのデザイン

競争力の源泉である自社のビジネスモデルを設計する

■■ ビジネスモデルの設計が最重要

　販売・物流管理の改革の最初のステップは、**販売・物流管理のビジネスモデル構想を立案する**ことです。構想とは、**自社の戦略に基づいてお金を稼ぎ出す仕組みを再検討して、もっとも競争力のあるビジネスの回し方を考える**ことです。

　なお、本書は戦略論の書籍ではないので戦略の立案方法には触れませんが、ビジネスモデルは戦略の実現に向けた企業のあり方のデザインであり、ビジネスの回し方のデザインです。

■■ 誰に、何を、どう売って、どう製造・調達し、どう回収するか

　ビジネスモデルにはさまざまな定義がありますが、ここで改めてシンプルに定義しましょう。

　「**ビジネスモデルとは、誰に、何を、どう売って、どう製造・調達して、どう届けて、どう回収するかという企業活動の設計図**」です。

　「誰に」とは顧客を指し、顧客の定義になります。顧客が消費者なのか、流通業者なのか、製造業なのかといった定義です。

　この顧客の定義は重要です。もし、B2B2C業界に属している場合、顧客は「B：企業」なのか、それともBの先にいる「C：消費者」なのか、その決め方によって考え方が変わってきます。

　顧客の定義をBに置いてしまうとCが見えなくなりますし、Cばかりに目を奪われると、パートナーとしてのBがそっぽを向く恐れがあります。

　したがって、誰が顧客で、誰がパートナーなのか、きちんと識別すべきです。本書では、連結子会社を顧客と勘違いしたりする弊害を述べま

した。誰が自社の顧客なのか、定義はもっとも重要なのです。

　そして、「何を」売るのかも、顧客の定義に負けずに重要です。単に製品を売っているだけなのか、製品の機能を売っているのか、あるいは製品を使い続けてもらう使用価値を売っているのかといった認識の違いで、仕事の仕方が変わってしまうからです。

　次に、「どう売って、どう製造・調達して、どう届けて」いくのかを考えます。「売ることと作ること・買うこと、届けること」は、一体で考えます。代理店を通じて在庫販売するなら、「見込生産・見込調達」です。受注に基づいて作って届けるなら、「受注生産・販売」です。
　B2B業界なら、商談をしながら見込生産するのか、商談の進捗に合わせて半製品まで作り、受注後製品化するのか、もしくは受注するまで生産しない個別設計・個別受注生産なのかといった考え方にもつながっていきます。
　「売ることと作ること・買うこと」を一体で考えることは、もっとも売上が確保しやすく、コストとリスクが少なく、ビジネスが永続する仕組みを考える起点になるのです。

　そして、最後がお金の「回収」です。お金の請求と回収の仕方が再設計できるかどうかは、難しいところです。何といっても顧客との約束事ですから、途中で変えるのは難しいものです。
　しかし一方で、日本企業の値引き・リベート計算は複雑すぎます。過去のさまざまな時点や事情で設定された条件がそのまま残り、業務定着化したものが多くあり、複雑怪奇です。戦略性があると言えばある反面、本当に今も意味があるのか疑問に思われる条件設定も多くあります。
　新規顧客の場合は、最初から効率的で、効果が最大になる値引き・リベート計算にすべきですし、一過性の施策を恒久化しないようにする歯止めも必要です。

　ビジネスモデルは、自社にとって今のビジネスの流れが有効なのか、

変えるべきところはないのか、どこをどう変えていくべきかを考える道具になります。

見直せるタイミングは、まれにしかありません。もし、見直すことができるタイミングがあれば、企業競争力に直結する議論になるので、ぜひ俎上に乗せたいものです。

■■ ビジネスモデルは確認するだけでもいい

実際には、ひんぱんにビジネスモデルを見直すタイミングはないでしょうし、変えていいかどうかは、かなり重い議論になります。

そこで、販売・物流管理の改革プロジェクトでは、あえてビジネスモデルを変える議論はせずに、現状確認にとどめ、現状のビジネスモデルを強化するための改革ポイントを洗い出すだけにとどめることも有効な方法です。

ビジネスモデルの変革まで考えるのは大変です。とりあえず現状の確認から入って、販売・物流管理の改革を進めることも可能なのです。なぜなら、ビジネスモデルはそのままでも、次のサプライチェーンモデルの変革によって、改革の構想を描くことも可能だからです。

7-3 俊敏性とコスト競争力を作るサプライチェーンモデリング

自然発生的なサプライチェーンを競争力のあるモデルに描き変える

■ モノの流れをデザインするサプライチェーンモデリング

顧客にどのようなサービスレベルと、どのようなコスト構造・リスクでモノを届けるのかといった仕組みをデザインするのが、「サプライチェーンモデリング」です。

サービスレベルとは、**即納率とか納入リードタイムで測られるサービスの水準**です。95％即納をするのか、80％即納とするかで、在庫リスクや在庫保持コストが変わります。納入リードタイムも数時間なのか、1日なのか、1週間なのかで物流コストが変わります。

モノの流れで言えば、見込生産なら、事前に製品在庫を保持しなければなりませんから、倉庫間の輸送が必要です。受注生産なら、どう顧客まで輸送するのかを考えなければなりません。「空輸か、海運か、陸送か」といった輸送モードも選択する必要があります。

モノの流れを、競争力を視野に、サービスレベルとコスト、リスクの点でデザインすることがサプライチェーンモデリングです。

■ デカップリングポイントの設定がモノの流れを決める

生産部門まで巻き込んだモノの流れを再設計するためのフレームワークが、「デカップリングポイント」です。

前述の通り、デカップリングポイントは「受注分界点」と訳されます。デカップリングポイントは受注を受けるポイントで、顧客に出荷する製品の仕様の確定がなされるポイントです。

たとえば、見込生産の製品在庫がデカップリングポイントの場合、製品倉庫が受注を受けることになります。受注生産なら、調達前で受注を受け、調達と生産が始まります。受注後、最終組立てをして出荷する受注組立型や、受注後設計から始める個別受注生産型などの分類ができま

す。

　デカップリングポイントまでは予測や計画によって在庫準備をしたり、生産能力準備をしたりするのでリスクがあります。しかし、あまりにデカップリングポイントを上流化すると、受注後のリードタイムが長くなるので顧客へのサービスレベルが悪化する可能性があります。

　こうした**リスクとサービスレベルをバランスさせ、自社として「どこをデカップリングポイントとして選択するか」ということが、まさに自社のモノの流れを決めている**のです。

　前述の通り、かつて、デルがこのデカップリングポイントの設定で有名になりました。競合のパソコンメーカーが見込生産であったところ、デルがデカップリングポイントを上流化し、受注生産化して大きく成長していったのです。

　見込生産は在庫リスクがあり、在庫保持コストと売れ残りリスク・コスト、価格低下コスト、部品を高価なタイミングで購入することによるコストがありますが、デルは受注生産化することで、こうしたコストやリスクを低減させ、競争力を獲得していったのです。

　デカップリングポイントの設定次第で、競争力が劇的に変化する可能性があります。

■■ 顧客サービスと在庫リスクをバランスする在庫の層別配置

　受注生産や見込生産といった生産方式まで踏み込まずとも、製品在庫の受注ポイントを変えることで、サプライチェーンモデルを作り変えることもできます。前述の「**倉庫の層別定義**」と「**在庫の層別配置**」という方法です。

　まず、倉庫を層別定義します。倉庫は、顧客のそばから生産・調達の上流に向かって階層化させて定義します。

　たとえば、顧客のそばで即納を行なう「**デポ**」、デポを統括してデポへ補充を行なう「**配送センター（DC: Distribution Center）**」、配送センターを統括して配送センターへ補充を行なう「**地区センター（RDC:**

Regional Distribution Center)」、供給のもととなる「グローバルセンター（GC: Global Center）」といった階層を定義します。

併せて、サービスレベルも定義します。デポは数時間のリードタイム、DCからデポは毎日補充、RDCからDCも毎週補充、GCからRDCは月2回補充といった具合です。緊急時は、顧客まで1日〜3日で到着といった緊急ルートを必要に応じて確保できるようにする、などの定義です。

倉庫が層別・階層化されたら、在庫も層別して配置します。通常は、いくつかの条件を組み合わせて層別の要件を決めます。

たとえば、「顧客許容リードタイムと出荷数量、出荷頻度」などの組み合わせです。即納要求が強く、出荷頻度が高ければデポ、逆の場合はグローバルセンターに配置といった具合です。

在庫の層別配置によって、総在庫がふくれ上がるのを防ぐとともに、必要な品目のサービスレベルを上げることができるのです。

前述の通り、こうした在庫の層別配置を定義したリストを「**統制在庫リスト（ASL: Authorized Stock List）**」と言います。

統制在庫リストは必ず統括組織で定義し、拠点への勝手な在庫配置を許さないようにしなければなりません。そうしないと、知らない間に在庫がふくらみ、財務を圧迫するからです。

■■ サプライチェーンモデルはサービスレベルとコスト構造を決める

このようにサプライチェーンモデルを作ると、**サービスレベルと在庫配置が決まってきます**。

また、サプライチェーンモデルは、**モノの輸送ルート・輸送モード・供給元を決めるので、顧客に到着するまでのコストの構造を決めてしまう**ものなのです。

たとえば、日本で製造して北米西海岸に荷揚げし、西海岸のRDC、全米に陸送でデポ配送とした場合と、RDCは2拠点で、西海岸のRDCとパナマ運河経由でフロリダのRDCに入れるというサプライチェーンモデルを採用した場合とでは、また違ったコスト構造になります。

このように、サプライチェーンモデルによって**物流ネットワークも決**

◎アパレルメーカーのサプライチェーンの例◎

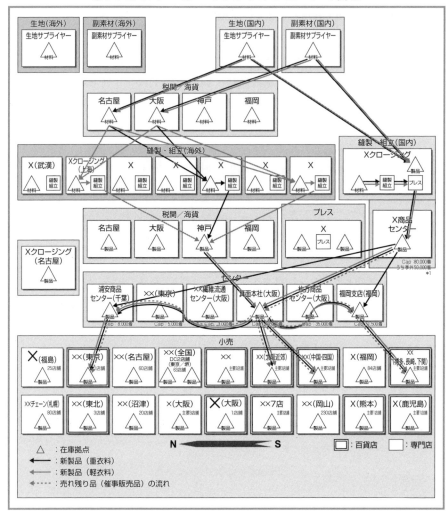

まります。物流ネットワークが決まると、サービスレベルと在庫配置だけでなく、顧客に届くまでの輸送コスト・通関コスト・貨物の保険コストといった物流コストも決定されるので、コスト構造が決まるのです。

7-4 計画性と実行統制を構築する業務プロセスデザイン

付加価値のある業務とない業務を峻別して業務を可視化する

■ 組織横断で業務フローを描く

サプライチェーンモデルが決まったら、組織横断で「**業務フロー**」を描きます。業務フローを描くことで、**各組織の仕事の前後関係、時間軸、アウトプットとインプット**がはっきりし、**ルールと責任**が明確になります。こうした点がはっきりしない場合は、明確にしなければなりません。

◎業務フローの例◎

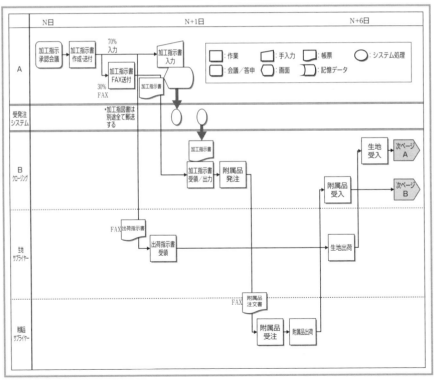

忘れがちなのが、「計画業務のフロー」です。伝票が作られて流れ、指示が流れる実行業務はわかりやすいので業務フローが描きやすいですが、わかりにくいからと言って計画業務がいい加減では、指示の大本が決まる計画の分析・意思決定、ルールと責任が曖昧になります。

実行業務の業務フローは、誰でも描けます。伝票等がなく、抽象度が高い一方で、指示の大本を決めてしまう計画業務のフローこそ、きちんと作成すべきです。

■■ 時間軸に沿ってタイミングを定義し、会議体を描く

よく、「業務フロー」と「システムフロー」を混同する人がいますが、業務フローはシステムの処理フローではありません。組織間の関係性、タイミング、ルール、責任と権限を明確化するためのものです。**必ず、時間軸にしたがってタイミングを定義し、会議体を描きます。**

どのような会議体で、誰の責任・権限で意思決定されるのかを明確化します。あえて会議体を描くのは、意思決定は現場の個人単位でされるのではなく、組織のマネジメント層を巻き込んで行なうからです。

こうした意識が日本企業は低く、どこで何が決められているのか曖昧です。企業全体の意思決定のフローが可視化されていません。きちんと可視化しておきます。

■■ サプライチェーンモデルが変わる場合は計画・実行業務を描く

もし、サプライチェーンモデルを描く過程でデカップリングポイントを変えるのであれば、計画業務と実行業務の再設計が必要になります。たとえば、デカップリングポイントを変えて、見込生産を受注生産にしたのであれば、計画も指示の仕方も変わります。

また、倉庫階層の定義を変えた場合、「誰がその倉庫への補充を行なうのか」といった再定義が必要になります。補充計画と指示、実際の補充、入庫予定の取得と消込みといった仕事の仕方が変わる場合、業務の再定義が必要です。

7-5 改革をあと戻りさせない業務改革とシステム導入

競争力向上に直結する業務改革には、必要に応じてトライアル期間を設ける

■業務が変わる場合、業務改革として計画的に進める

　サプライチェーンモデルが変わり、業務が変わるのであれば、「業務改革」と定義して推進します。

　今までの業務のやり方を変えるので、業務側にリーダーを置いて、組織に業務が根づくように指導していきます。

　業務はいきなり変えるのではなく、必要に応じて教育期間と移行期間を設けます。いきなり業務を変えるとインパクトが大きすぎる場合は、トライアル期間を設けて、一部の品目や人を選んでパイロット的に試行を行ない、リスクや問題点を洗い出す方法を取ることも有効でしょう。

　特に、計画の仕方によって、在庫の補充方法や受注方法などが変わる場合には、慎重に行なわなければなりません。組織横断での問題になるので、試行的に業務を回して、問題点を洗い出して解決するというのはよい方法です。

■システム化により、あと戻りできないようにする

　現在、業務のほとんどはシステムなしでは成り立ちません。システム導入と併せて業務変更を行なう際も、同様に十分な説明期間、教育期間、試行期間を設定したほうがよいでしょう。

　特に、システムが大幅に入れ替わると、今まで慣れていたオペレーションと大きく異なってしまう場合もありますから、ミスを防ぐためにも十分な教育とテストが必要です。

　システムを導入することで、変えた業務がもとに戻ってしまうことも避けられます。最初は慣れていないので、「使いにくい」という苦情も出るでしょうが、人間はすぐに慣れます。

　本当にまずい状況として、工数が莫大になってまったく改善されない

とか、システムの機能不足を大幅な人的処理で保管しないと仕事が回らないといった問題が出ない限り、がまんして新しい仕事に慣れるようにします。内部統制上もシステムで仕事を縛って、改善不能にすることも大事です。

■ 定着化と継続的改善の仕組みを作る

　教育と定着化支援、運用における改善をやり続けるためには、定着化の計画も作ります。業務マニュアルやシステム操作マニュアルを必ず作りします。

　また、問い合わせ先を業務組織内に設定しておき、対応できるようにします。システムへの問い合わせは、業務側の対応者が窓口になり、処理します。業務改善・システム改善を要望する場合は、必ず問い合わせ窓口の担当者が一度集約し、改善の要否、改善プロジェクトやチームの組成を行なえる体制を維持します。

7-6 販売・物流管理の改革はリーダーシップがカギ

リーダーは組織横断で一目置かれる人、コンサルとベンダーは熟練者を選ぶ

■ 業務改革・システム導入のプロジェクトはリーダー次第

　販売・物流管理の改革プロジェクトは、企業の競争力を強化し、永続性を確立していく重要な仕事です。プロジェクトで使われるヒト・モノ・カネを有効に使うためにも、エースを投入してプロジェクト推進すべきです。

　販売・物流管理の業務を変える際は、業務だけが対象の場合も、システム導入をともなう場合も、**必ず優秀なエースをプロジェクトリーダーに据えます**。

　人から一目置かれる人がプロジェクトリーダーにならないと、基本的にみんな言うことを聞きません。メンバーに選抜されるメンバーは、そもそも仕事が忙しくて、誰もが仕事を変えられるのを嫌がるからです。しかし、エースと目されるリーダーが、積極的に変えることを提唱して推進するなら、人もついていくでしょう。

　また、販売・物流管理のプロジェクトでは、**必ず社長またはそれに準ずる役職者をプロジェクトのオーナーにします**。

　プロジェクトオーナーとは、**予算承認と結果承認を行なう人**です。経営陣が承認し、何かあると経営陣の目に触れるという状況は重要です。

　先に述べましたが、みんな仕事を変えられるのを嫌がります。企業の意思として、経営陣が承認した活動だという重みは重要なのです。

■ エキスパートをプロジェクトの要所に配置する

　プロジェクトが組成されたら、**プロジェクトチームの要所に業務のエキスパートを据えて推進します**。

　よくプロジェクトが始まると、組織の中でも暇な人、あまり役に立たない人をアリバイ的にメンバーに配置しようとする業務部門が多くあり

ます。これではプロジェクトは失敗します。

　仕事を変革し、企業の競争力を強化するためのプロジェクトですから、各組織は仕事のエキスパートであるエースを投入すべきです。一時的に組織のパフォーマンスが落ちたとしても、改革を推進すれば、その何倍もの見返りがあります。

　また、みんなを従わせるためにも、エキスパートの言葉は重いものがあります。軽い言葉ではばかにされますし、プロジェクトが軽視されます。真剣に行なわれているプロジェクトだということをわからせるためにも、エキスパートであるエースをプロジェクトに投入すべきです。

■■ 外部協力者も厳選し、エースの投入を要求する

　販売・物流管理の改革プロジェクトでは、**外部コンサルタントや外部システム業者の協力を得ることもあります**。企業にとってプロジェクトの機会はめったにありませんが、外部の専門家の中には、プロジェクトを何件もこなしている人がいます。

　こうした外部エキスパートを使ったほうが、プロジェクトが円滑に進む場合もあります。

　しかし、本当に経験とスキルをもったプロフェッショナルは少ないものです。コンサル会社やシステム会社の企業イメージや宣伝に踊らされず、経験が豊富な外部エキスパートを慎重に選ばなければなりません。

　得てして、外部エキスパートにいいように利用されてしまう企業も多くあります。その点でも、厳しく外部エキスパートをチェックし、選別すべきです。

　昨今、企業内のエキスパート人材は払底していますから、外部エキスパートの協力をあおぐのはしかたがありません。

　しかし、業務に精通した社内の人材が、よくよく外部エキスパートを選別し、企業が主導権を握らなければなりません。そうでないと、主客が転倒し、結果、失敗だけが残り、大損をするプロジェクトがあとを絶ちません。

第 **8** 章

販売・物流管理を改革し続ける企業群

8-1 自然発生的なサプライチェーンと業務を劇的に変えた企業

販売・物流管理として、ロジスティクスを戦略的に革新する

■ 問題状況：低サービスレベルで取引停止勧告

> T社は製造装置メーカーで、世界中で製品を販売しています。製造装置ですから、工場に設置されており、多くの工場は24時間稼働です。24時間稼働を目指すので、装置が故障すると大変です。顧客の工場の生産が止まってしまいます。
>
> 装置がフル稼働するからこそ、コストが回収できるのです。停止するとコストが回収できず、大問題になります。そのため、故障時も即、修理・復旧が要求されます。
>
> T社も即修理を要求されていますが、工場横のデポや各国販社に補修部品がないことがまれにあります。各国販社には、金額ベースで1年以上の在庫がありますが、必ずしも欲しい補修部品在庫がヒットしないことが起きるわけです。
>
> 在庫がヒットしない場合は、工場がある日本に注文がきます。しかし、日本の工場は在庫低減が徹底されすぎていて、販社からの注文に対し、「2回に1回は欠品」といった始末です。在庫がないとなると、今度は製造中の機器から部品をはぎ取って緊急出荷します。
>
> 緊急出荷するといっても、補修部品等のサービスパーツ物流と製品物流が一緒になっているので、出荷と輸送で4日から1週間くらいかかります。
>
> 結果的に、顧客の工場の稼働を1週間近く止めることが何度か起きています。長年のクレームにもかかわらず、この状況が一向に改善されなかったため、主要な顧客から取引停止勧告を突きつけられる始末でした。

■■ 原因と課題：自然発生的なロジスティクス

　製造装置は、使い続けるからこそ価値が出ます。故障して非稼働が長引けば生産ができませんから、顧客のビジネスに大きな打撃を与えます。装置を使い続けるには、補修部品を確実に、短時間で納入し、短時間で修理する必要があるのです。

　しかし、T社では、装置のアフターサービスに関する意識が希薄でした。製品とサービスパーツである補修部品の物流が区別されず、製品物流上にサービスパーツ物流が乗ったままで、昔ながらの手間と時間がかかるロジスティクスだったのです。

　製品とサービスパーツの区別がありませんから、製造拠点の日本で受注するのは、9時から17時の工場の定時時間内です。残業はなし、土日は休みです。世界中の製造業が24時間365日フル稼働を指向する業界で、工場カレンダー通りの休み、稼働時間です。まったく緊急度が合いません。

　また、工場では在庫削減が指示されるので、本来、サービス向上のためにたくさん持つべきサービスパーツも、たくさん持つことが許されません。サービスレベルという視点がなく、とにかく在庫は悪、在庫削減です。サービスパーツは欠品の連続です。

　製品とサービスパーツは、顧客の購買ライフサイクルを考えると、別なビジネスモデルを描くべきです。製品とは区別して、サービスパーツを1つのビジネスと定義し、サービスパーツに適したサプライチェーンモデルを構築しなければならないのです。

■■ 解決：サービスパーツの物流の見直しと層別配置で、サービスレベルを劇的に改善

　大口顧客を失いかねないT社は、サービスパーツ改革プロジェクトを立ち上げ、まず、サービスパーツを1つのビジネスとして製品ビジネスから切り離しました。

　サービスパーツビジネスの目標として、「世界中の顧客に、24時間以

内にサービスパーツを届けて、顧客のビジネスを止めない」ということを設定しました。

物流ネットワークも大きく変えました。工場の横にあったサービスパーツ倉庫を廃止し、空港のそばにグローバルパーツセンターを設立しました。サービスパーツ専用の倉庫です。

また、各拠点が勝手に在庫していた品目を整理し、デポで持つ在庫品目、拠点のDCで持つ在庫品目、日本のグローバルパーツセンターで持つ在庫品目を設定し、オーソライズドストックリスト（統制在庫リスト）を作成しました。

グローバルパーツセンターは自社社員での運営をやめ、物流業者にフルアウトソーシングしました。これにより、24時間受注・出荷の体制を整えました。結果的に、アジアには翌日、北米には24時間を達成しましたが、その他の地域は、24時間では空輸できませんでした。それでも大幅な進歩です。

計画に関しては、属人的に表計算ソフトで行なっていたものをシステム化しました。グローバルパーツセンターの受注ヒット率は、97％を達成しました。もちろん、グローバルパーツセンターの在庫は増えましたが、その分、各拠点の在庫を減らすことができました。

世界中の在庫が可視化され、グローバルで連動した仕販在計画・生販在計画が立案され、工場・サプライヤーとの連携も向上しました。

■■結果：企業表彰され、グローバルベストサプライヤーへ

改革には1年半かかりましたが、T社では顧客も驚く高いサービスレベルを達成した一方で、在庫を適正化していきました。サービスパーツの供給性が高まり、今ではベストサプライヤーとして表彰され、T社の装置の購入が、世界中の工場に推奨されています。

販売・物流管理として、自然発生的に作られた古いサプライチェーンモデルを改革することで、顧客満足を高め、製品・サービスパーツともに売上を伸ばしていきました。

8-2 デカップリングポイントを変えて復活した企業

受注生産を見込生産に変えることで販社の販売機会損失を解消

■■ 問題状況：未納・売り逃しの繰り返しと遅延在庫の滞留・廃棄

> 精密機器を製造するV社は、中国で生産し、世界中に製品を売る会社です。B2B2Cの業界に属し、主に年末に売れるという季節性の強い販売特性をもっています。
>
> つい最近まで、中国工場で需要変動を吸収しながら低コスト製造を行ない、売上・利益を伸ばしてきました。
>
> しかし、この数年は需要変動に応えられず、年末の販売繁忙期に製品が未納になる状況が常態化しました。毎年、未納・売り逃しです。そのうえ、納期が遅れて遅延品が着荷し、滞留・廃棄・たたき売りが続き、ブランド価値を毀損していきました。
>
> 社内的には、「生産管理が悪い、工場が悪い」と責められますが、一向に問題は解決しません。毎年、騒ぐ割には手が打てずにいました。

■■ 原因と課題：工場の柔軟性の喪失、従来のサプライチェーンモデルの陳腐化

かつて中国は、どんな大きな需要変動にも応えて生産をこなしてきました。従業員は、みんな喜んで残業しましたし、休日出勤もいとわんでした。法律もゆるやかでした。

しかし、国が豊かになり、規制も厳しくなったため、かつてほど自由に変動対応ができなくなりました。工場の柔軟性が喪失し、季節性による急な生産注文に耐えられなくなったのです。

そうした状況の変化にもかかわらず、V社は業務の形態を変えることをしませんでした。3か月前に販社が注文を工場に対して発注し、工場は受注生産という認識でした。

しかし、前述のような事情で、急な大量注文は昔のようにはこなせなくなり、3か月前の発注による受注生産という考え方が通用しなくなったのです。それにもかかわらず、V社は「我々は受注生産だ」という認識も変えることができないままでした。

■■ 解決：デカップリングポイントの変更〔受注生産から見込生産へ〕

繁忙期は、需要が増大する一方です。結果、繁忙期は残業しても間に合わない反面、閑散期は手待ちです。これでは製造原価も高くなり、未納で売上が伸びないうえに、納入遅れで販売タイミングを逃して在庫滞留というトリプルパンチです。

「このままではまずい」ということで、V社では営業部門と生産部門で改革プロジェクトを立ち上げました。デカップリングポイントを変え、受注生産から見込生産という生産方式の変更を行ないました。

今までは、3か月前の注文情報しか需要の情報がわかりませんでした。改革によって、今後1年分、販社は販売計画に基づく仕販在計画を開示し、本社生産管理は各工場能力と比較し、必要に応じて見込生産による前倒し生産をして製品在庫化し、未納を解消しました。

今まで、販社は注文だけしていればよかったのですが、先々までの仕販在計画を本社に開示するという仕事が増えました。本社も注文を取りまとめて工場に流すことしかしてきませんでしたが、事前に生産能力と比較し、先行生産を指示する役割ができました。

それだけではありません。販社の仕販在計画で先行生産した在庫が残りそうなときには、販社に注文を督促し、連携して拡販計画を練ったうえで、販社の売上向上を指示・支援する役割を本社が担う必要が生じました。

今までは、「本社は何もしない」というのが理想とされていました。販社と工場で直接やり取りして、本社は介在しないという方針だったのです。しかし、そうも言っていられなくなりました。

需要変動に対応して先行生産し、先行分の引き取り・販売を販社に督促するという点で、主導的な機能を果たさざるを得なくなったのです。

本社は、本社として世界中の需給調整を行なったうえで、S&OP/PSI会議を統括管理する機能をもつことになりました。

■■ 結果：未納の解消、工場の平準化生産で生産コストを低減

V社ではデカップリングポイントを変え、受注生産から見込生産に変えることで未納を解消しました。結果的に、先行生産をすることで生産が平準化され、残業が減ることで余計なコストがなくなりました。併せて、作業者の手待ちがなくなることで、大幅な原価低減を実現できました。

デカップリングポイントの変更で、確実な納入で販売にも好影響、平準化で生産コストを低減し、V社は業績を大幅改善したのでした。

8-3 パイプライン管理により利益を生み出せるようになった企業

商談管理で、パイプライン管理とコンカレントエンジニアリングを実施

■■ 問題状況：複雑な設計、高コスト設計、供給困難で疲弊

> B2B業界で化学品原料を供給しているU社は、顧客から指定される仕様に基づき、自社製品である供給原料の構成（レシピ）を毎回設計していました。
>
> 高機能の原料を供給していたため、U社の利益率はとても高いものでしたが、ここ最近の顧客の最終製品のライフサイクルが短かくなったのにともない、かつてほどの利益率が維持できなくなりました。顧客が短ライフサイクルで低コストの市場で戦っているのに、サプライヤーのU社が、いつまでも高い利益を継続できるわけはないのです。
>
> さらにU社では、設計部門のプライドをかけた高機能化が、自社の強みと考えていました。そこで、高機能化を目指したレシピの複雑化、調達困難な原料の使用、難しい製造と高価な装置の利用が無制限に行なわれました。高コスト設計が、高コスト製造と原料確保困難による供給困難に直面しました。
>
> 利益が取れなくなっているのに、高機能設計・高コスト生産となり、ますます利益が取れなくなっていったのです。

■■ 原因と課題：商談・設計プロセスにおける営業、開発、生産、購買の連携がバラバラ

設計部門では、高機能化が暗黙の了解でした。顧客の要求ではないにもかかわらずです。営業は商談をしていますが、案件の選択は営業個人の力関係で行なわれました。利益率が低くても、売上見込ボリュームが低くても、声の大きな営業マンの案件が優先されます。

「大事な顧客だ、必ず大きな売上になる」と言われれば、設計部門は受け入れざるを得ません。多大な設計工数を投入しても、結果、「売れない、打ち切りになる」となっても誰も責められません。すべてを水に流して、また営業の言いなりで案件を選択し、高機能設計の繰り返しです。

　生産部門は、設計部門が決定した設計を聞いて、生産設備を検討します。能力がひっ迫しているときは、あと追いで調整するか、外注化するしかありません。複雑な製造方式を取られてしまい、繰り返し処理が重なり、生産コストを高騰させ、設備能力を圧迫するような生産になっていても、もう直せません。顧客と製法を合意してしまうからです。

　購買も、調達困難な原料が入っていても、設計結果でしか知ることができません。世界中で取り合いになっている原料などが使われていたりすると、調達リスクがあるうえに仕入価格が高騰してしまい、原価を悪化させてしまいます。

　営業の言いなりでの案件選択、設計は顧客要件やコストを無視した高機能化・製造複雑化を指向し、生産・調達は設計結果だけ教えられてコストダウンもできず、リスクを負ったままの無理な生産・調達を強いられ、ますます利益を悪化させるのでした。

■■ 解決：設計コンカレント化〔商談・設計プロセスへの生産、購買の参画〕

　個別組織が個別に動き、誰も商談と設計と生産・調達を連動した管理をしていなかったのです。

　これでは利益が改善しないとの危機感もあり、U社では商談管理を営業だけで行なわず、S&OP会議に報告させ、すり合わせをすることにしました。

　案件の優先順位の議論、設計レシピの標準化の遵守確認、事前の製法簡素化チェックと設備能力のチェック、使用する予定の原料の価格情報、供給情報チェックを行ない、十分な機能を維持しながら、早期にコストダウン、リスク低減を行なうことを可能にしました。商談・設計の上流で生産と調達の各部門がすり合わせを行ない、早期に原価企画を実施し、

低コスト・低リスク生産を可能にしました。

　貴重な設計人員も、売上・利益の大きな商談に優先的に割り当てるようになり、がんばっても会社に貢献しない案件の低減、営業都合で頻発していた仕様変更の抑制が可能になりました。これで、U社のキーとなるテクノロジーを開発する余裕もできました。

　営業の手前勝手な商談管理で振り回される設計、すでに決まってしまった設計結果に縛られた生産・調達といった硬直化したプロセスは改められました。商談管理と連動したコンカレントエンジニアリングが実現したのです。カギは、S&OP会議での情報の共有と議論でした。

■■ 結果：設計リソース最適化、低コスト設計、供給リスク低減

　U社では、商談連動のコンカレントエンジニアリングを可能にしました。商談管理を実施し、設計・生産・購買と連携し、自社にとってもっとも重要な販売可能案件の選別が可能になりました。

　今では、適正機能・低コスト・低リスク生産・調達を実現しています。併せてキーテクノロジーの開発が進みつつあり、キーテクノロジーが確立すれば、顧客の要求仕様の受託開発・生産ではなく、自社製品を打ち出した仕事が取れるようになるでしょう。

　新たな課題として、自社のキーテクノロジーを主軸にした自社のプロダクトマネジメントの機能の設置が視野に入ってきました。受託開発・生産といった下請けではなく、自社製品を売り込んでいける企業に変革していくことが可能になったわけです。

　自社の業務プロセスと管理方法を変革することで、売り方も大きく変わっていくでしょう。

8-4 S&OP/PSIで供給性を確保し、リスクコントロールを実現した企業

販売計画起点で仕販在計画・生販在計画を統合、S&OP/PSIを実現

■■ 問題状況：過剰在庫と供給ひっ迫の繰り返し

W社は、ハイテク機器を世界中に売っているB2C製造業です。この業界の製品は、ライフサイクルが短く、かつ、キーとなるのが高度な部品の確保とライフエンドで、製品・パーツとも残らないようにする慎重な管理です。

しかし、W社ではずさんな管理がされていました。販社は販社で工場とは連携せずに仕販在計画を立て、仕入オーダーを工場に出すだけでした。工場は個別に部品を先行調達し、販社オーダーがきたら、部品がある限りは生産していました。部品がなければすぐに生産ができず、そこから再調達が始まります。

こうなると、欠品が多発します。営業は思った通りに製品が供給されないため、リスク回避で多めの発注をします。結局、これが欠品を生んだり、販社に滞留在庫を生み出す原因になるのです。今度は、マーケティング費用を積んでたたき売りです。早く小売りの棚から売り切らないと、次の製品を仕入れてくれないからです。

工場のほうも大混乱です。計画した製品以外の注文がきても、部品がありません。毎日、生産変更と人のやりくりでムダな会議と調整です。また、先行調達した部品が、営業の販売製品とマッチせずに余ってしまい、大量廃棄です。こうして工場の製造原価も悪化し、まったく改善されません。

製品ライフサイクルの短い業界では、欠品売り逃しと滞留在庫による施策費用と廃棄ロスは大打撃です。

■■ 原因と課題：グローバル需給は見えず、販社の計画統制は困難

　W社では、営業部門と生産部門で別々に計画立案をしています。見込生産ですから、製品在庫の滞留リスクの高い生産方式です。それだけでなく、部品に付加価値があり、高価で、サプライヤー側の交渉力が強いため、なかなか思った通りに部品が調達できません。勢い、大量の長期・先行調達となります。部品のリスクも高く、毎回、高額部品の廃棄の損失もふくらみました。

　これだけリスクが高いうえに、部品調達に制約があるのですが、W社では営業部門と生産部門の連携が弱く、お互いにいがみ合っていました。営業部門いわく、「工場は営業の都合を無視して勝手に生産している」、生産部門いわく、「営業の計画など信じられない。よい製品を作っているのに、なぜ営業は売り切ることができないのだ」といった具合です。

　本来、販売活動と生産活動は連携してリスク対応しながら、製販一体で売る計画と作る計画を統合すべきでしたが、そのような形態にはなっていなかったのです。昔から別々にやってきてうまくいっていたので、「最近うまくいかないのは、相手が悪い」という態度です。

　販社と工場は同一グループですから、本来は連結で考えて、連結での売上・利益の最大化を狙うべきですが、そうしたグループ横断の視点でマネジメントする仕組みがなく、グローバルに需給計画を統制していなかったのです。

■■ 解決：グローバル需給統制機能としてS&OP/PSIを構築

　このままでは収益が悪化する一方と判断し、W社では、販売と生産で別々の計画を連動させることにしました。販社の仕販在計画と工場の生販在計画を連携させ、月１回、グローバルでS&OP/PSI計画を立案し、社長の決裁をもらうようにしたのです。

　まず本社の意向として、販売の意思を表明します。「欧州・米州・アジア州・日本でどれくらいの販売数量・金額を各製品で稼ぎたいのか」という方針を、各局担当の営業統括部が出します。販社は、この各局担

当営業統括部門とすり合わせをし、市場の状況と販売施策を鑑みて、販売計画を先6か月立案します。

W社では本社に需給統括部を設置し、各局営業担当を通して各局の仕販在計画を収集し、グローバル仕販在計画として、生産側の需給統括部に計画をパスします。

受け取った生産側の需給統括部は、確保したキーパーツの調達枠とぶつけて、問題なければそのまま生販在計画とします。パーツがひっ迫する場合は、各販社への配分案を立案します、パーツが過剰になるときは、サプライヤーとの調整案を作るか、販社への拡販依頼案を本社需給統括部と営業統括とすり合わせて作成します。

本社需給統括部門は、世界中の販売の最大化と在庫リスク最小化の案を各局営業統括部門・生産側の需給統括部門とすり合わせて、月1回、グローバルでS&OP/PSI計画を立案し、S&OP/PSI会議で社長に決裁をもらうのです。

こうして、製品在庫と部品在庫を見ながら販売増減のすり合わせ案まで作成することで、世界中の販売に充当できる生産を確保し、在庫を適正化していったのです。

■■ 結果：在庫低減と供給最適化による売上増とコストダウン

各販社の販売計画に基づき、すり合わせしながら売れるモノを生産し、確実に供給する一方、調整をかけて在庫リスクも低減させることができるようになりました。

もちろん、計画の工数は増えましたが、製販分離の低レベルな計画管理による損失を、大きく上回る売上向上とコストダウンが実現できたのです。在庫低減と売る意思をもった計画と連動した供給最適化が、計画的に行なえるようになったのです。

こうしてW社は、業界ナンバーワンになることができました。

8-5 物流サービスを武器に市場を席巻した企業

十年一日のような仕事していた競合をしり目に販売・物流改革で1強に

■■ 問題状況：市場成熟、顧客疲弊により業界の過当競争激化

> X社は、副資材を製造する製造業です。国内市場を中心に販売しており、規模の均衡した競合他社が3社ほどある業界でした。納入先は、小売業か小売業に製品を製造・出荷する製造業です。
>
> 4社過当競争で数十年が過ぎ、それぞれが安定のシェアをもち、業界の自然増の売上を仲よくシェアしていました。
>
> 長い間、昔ながらの営業と卸を介した代理販売でうまくいっていましたが、バブル以降、様相が変わりしました。世はデフレとなり、売上は頭打ち、顧客企業も利益の削り合いに突入し、副資材メーカーへのコストダウン要求は厳しくなりました。結果、売上が伸びなくなったうえに利益率が激減しました。
>
> 市場が成熟してしまい、コンビニや低価格スーパーの伸長で、製品のライフサイクルが短くなって、顧客企業が疲弊し始めました。価格の低減要求だけでなく、顧客企業では、在庫を持つ資金的余裕も、在庫管理にかかる費用も負担できない状況になってきたのです。当然、顧客企業の疲弊に影響され、中間の卸も体力を失っていき、在庫負担ができなくなっていきました。

■■ 原因と課題：コモディティ化〔品質・価格・デザインの差別化困難〕

もともとこの副資材は、品質・機能性・デザイン性が優れていて、顧客企業の市場拡大に貢献していました。

しかし、市場が成熟した今となっては、どの競合企業のものも代わり映えしない機能・デザイン・価格です。製品を軸にした差別化が困難に

なり、競争優位となる要因がなくなってきていたのです。

こうなると、顧客企業は買いたたきに走り、無在庫化とともに、常時、緊急出荷対応を要求するようになります。価格競争は厳しく、シェアの奪い合いとなっていきました。

■■ 解決：物流サービスを差別化要因に

こうした状況変化の中で、X社だけが「物流サービスが差別化になる」と判断しました。

そもそも、顧客企業が体力を失って在庫負担できなくなっているので、小口多頻度配送をするサービスに切り替えました。

こうして顧客企業は、在庫を極小化できるようになる一方、欠品も回避できるようになったのです。在庫の資金負担も減り、在庫管理に関わる余計な作業コストも減りました。

さらに、顧客企業への納品形態を変えることで、さらに顧客企業の在庫負担を減らしました。この業界では、大きな段ボールで大口納品するのが一般化していましたが、段ボールでの納品をやめて、小口のバラピッキングで、「必要なモノを必要な数だけ」届けるようにしたのです。

小口納品は在庫負担だけでなく、顧客企業の作業コストを各段に低減しました。今まで顧客企業は、段ボールで保管して、必要なときに段ボールから副資材をピッキングしていたのですが、この作業がなくなったのです。当然、段ボールでの在庫管理と中身の在庫管理という在庫管理の多重化もなくなりました。

このコストダウンは、顧客企業にとって非常に好ましいものでした。コスト競争が厳しい中、人件費の削減ができたのです。現金が浮いて資金繰りも楽になります。ミスも減りますから、余計なコストもかからなくなったのです。

■■ 結果：売上は4倍増、顧客囲い込みによる競合他社を圧倒する成長

物流が競争要因になると見抜いたX社は、その後急成長を遂げ、他社を圧倒して売上は4倍増となり、業界の成長分をそのまま売上にしてい

きました。

　ここまで資金力が上がり、顧客企業のかゆいところに手が届く物流サービスを展開すると、さらなる顧客連携が始められます。顧客企業の仕入計画の共同立案です。

　この業界では、すでに製品の差別化が困難になっているわけですから、どこから買っても差がないわけです。そうした中で、X社に仕入計画まで任せれば、在庫補充まで代行してくれます。大口顧客は次々とX社に囲い込まれ、今ではX社は、盤石の販売・物流上の業務基盤を確立したのでした。

　物流を競争優位の源泉と見抜き、販売・物流管理の業務を変えることで業界に抜きんでたX社を脅かす競合他社は現われません。なぜなら、競合他社はいまだに昔ながらの販売・物流サービスを継続しているからです。

　営業と物流は別々に動くのではなく、顧客に対するサービスレベルを上げ、結果的に売上・利益を稼ぐという販売・物流管理のビジネスモデルの描き方に気づかない限り、X社の繁栄は続くでしょう。

8-6 物流アウトソーシングを拡大して顧客を囲い込んだ企業

物流アウトソーシングによる業務代行が囲い込みに発展

■■ 問題状況：顧客の低レベルな物流管理、業界の成長鈍化

> Y社は卸業界の物流を担う物流会社です。卸の納入先である医療機関や研究機関のミッションは、治療や研究です。こうした機関は、在庫管理や調達管理が低レベルで、サプライヤーに在庫管理を丸投げしていたり、極端な在庫過剰と欠品による緊急納品を繰り返していたりするので、コスト増になっているのです。
>
> 今までは高価格で販売できたため、物流費も高く取ることができましたが、薬価改定や規制緩和によって、価格や利益率が低下しました。
>
> こうした状況下でいい加減な在庫管理をしているため、物流費は一向に下がりません。そのうえ、売上の向上が見込めない中で物流の手間ばかりが増えるため、卸も疲弊していきました。

■■ 原因と課題：規制産業で改革がなされず、長年の慣習による業務遂行

病院は治療、研究機関は研究が主業務のためか、業務改革が進展しません。また、長年の慣習がたたって、新しいことを学んで効率化しようという意識がさほど高くありません。

規制に守られ、主要ミッションが明確すぎるため、ミッション以外に目が向かず、慣習が変えられないのです。業界全体が昔ながらの業務に停滞し、高コスト・非効率を温存する形になってしまったのです。

■■ 解決：企業の枠を超えてあるべき物流業務を実現化

その中でY社は、「病院や研究機関の物流と購買を改善すれば、効率

化とサービスレベルアップができる」と判断しました。卸の物流をアウトソーシングで受けると同時に、病院の院内物流と調達、研究機関の在庫管理と調達を代行し、適正な在庫管理、適正なタイミングでの調達、効率的な補充物流を可能にしました。顧客企業の物流に連動して卸の物流も適正化していった結果、在庫低減と物流費低減が同時達成でき、卸の利益増大にも貢献したのです。

　Y社は、物流を単に下請けで行なうだけではなく、卸・卸の顧客企業である病院や研究機関の業務に踏み込んで、企業横断で業務を構築することで、効率的な物流を生み出したのです。

■ 結果：物流アウトソーシングによるコストダウンと在庫低減

　物流アウトソーシングを軸に、各関係先企業にコストダウンと在庫低減をもたらしたY社は、構築したビジネスモデルとノウハウをもって、さらにパートナー企業を増やし、アウトソーシングを獲得していっています。

　物流のアウトソーサーとして、関係する企業の販売・物流管理のビジネスモデルを再設計し、パートナーシップを築く中で関連する企業の利益を向上させつつ、自社の売上・利益も拡大しているのです。

　また、一度Y社のビジネスモデルに属すと、ビジネスが永続的に継続されます。お互いにコストと利益をシェアしながら、全体で儲かるモデルが描けているからです。

　販売・物流管理は、ここまで説明してきた通り、企業の競争力を高めるための強力な武器になるのです。販売・物流管理という考え方をきちんと踏まえ、競争力を強化した企業がたくさんあります。販売・物流管理というフレームワークをきちんと知って、自社の競争力強化に使うことは意味があることでしょう。

石川和幸（いしかわ　かずゆき）
早稲田大学政治経済学部政治学科卒、筑波大学大学院経営学修士。日本能率協会コンサルティング、アンダーセン・コンサルティング（現、アクセンチュア）、日本総合研究所などを経て、サステナビリティ・コンサルティングを設立、代表を務める。専門は、ビジネスモデル構想、SCM構築・導入、ERPシステム導入、管理指標導入、プロジェクトマネジメントなど。
著書に『図解　SCMのすべてがわかる本』『図解　生産管理のすべてがわかる本』『在庫マネジメントの基本』（以上、日本実業出版社）、『だから、あなたの会社の「在庫改善」は失敗する』（日刊工業新聞社）、『思考のボトルネックを解除しよう!』『「見える化」仕事術』（ディスカヴァー・トゥエンティワン）、『なぜ日本の製造業は儲からないのか』（東洋経済新報社）、『図解　よくわかるこれからのSCM』（同文舘出版）、『図解 工場のしくみが面白いほどわかる本』（中経出版）など多数。

E-mail：kazuyuki.ishikawa@susco.jp
URL：http://www.susco.jp/

顧客満足度を高め、競争力を強化する
図解でわかる　販売・物流管理の進め方
2017年4月1日　初版発行

著　者　石川和幸　©K.Ishikawa 2017
発行者　吉田啓二
発行所　株式会社日本実業出版社　東京都新宿区市谷本村町3-29　〒162-0845
　　　　　　　　　　　　　　　　大阪市北区西天満6-8-1　〒530-0047
　　　　編集部　☎03-3268-5651
　　　　営業部　☎03-3268-5161　振替　00170-1-25349
　　　　　　　　　　　　　　　　http://www.njg.co.jp/
　　　　　　　　　　　　　　印刷／厚徳社　　製本／若林製本

この本の内容についてのお問合せは、書面かFAX（03-3268-0832）にてお願い致します。
落丁・乱丁本は、送料小社負担にて、お取り替え致します。

ISBN 978-4-534-05485-2　Printed in JAPAN

日本実業出版社の本

この1冊ですべてわかる
在庫マネジメントの基本

石川和幸　著
定価 本体 1700円（税別）

在庫が生まれる理由から、在庫の種類やそれぞれに対応した管理手法、在庫最適化へのさまざまな取り組み方など、在庫マネジメントの基本から運用時のポイントまでをまとめました。

基本的しくみから導入・改善まで
図解　生産管理のすべてがわかる本

石川和幸　著
定価 本体 1600円（税別）

製造に携わるすべての人に向けて、生産管理の目的やさまざまな手法について、2ページ見開きで、やさしく解説。新製品開発、見込生産、個別受注生産の生産管理の方法を分けて説明します。

〈図解〉基本からよくわかる物流のしくみ

角井亮一　監修
定価 本体 1500円（税別）

基本知識から、システム化のポイント、包装の役割、コストの捉え方まで、企業の最新事例を交えてやさしく図解。「物流のしくみ」が基本からスッキリ理解できる入門書の決定版。

図解　物流センターのすべて
「儲けを生み出す」しくみと運営のしかた

廣田幹浩　著
定価 本体 2000円（税別）

物流サービスで顧客の期待に応えれば、顧客満足度は上がり、自社の業績向上につながります。物流センター運営の基本から、物流体制の効率化・強化のノウハウまでを解説します。

定価変更の場合はご了承ください。